大展好書 好書大展
品嚐好書 冠群可期

大展好書　好書大展
品嘗好書　冠群可期

迷蹤拳系列；6

迷蹤拳（六）

李玉川　編著

大展出版社有限公司

作者簡介

　　李玉川，河北省滄州市青縣人，1951 年出生。既嗜拳術，又喜文墨。8 歲始從名師學練迷蹤拳，數十年練功不輟，系統、全面掌握迷蹤拳的理論和技術體系。他博學多求，勤練精研，先後學練了八極、八卦、意拳（大成拳）等拳術多種。同時，他重視對武術理論的研究，閱讀了大量武術史料和書刊，寫下了很多的讀書筆記，致力探求武術之真諦。1996 年 8 月，在青縣成立迷蹤拳協會時被推選為協會主席。2001 年 9 月，在青縣迷蹤拳協會改建為研究會時被推選為會長。作者為滄州市武協委員，中國迷蹤拳當代重要代表人物。

　　近幾年來傾心於對迷蹤拳的研究、整理和傳播，撰寫系列叢書，錄製「中華武術展現工程」系列光碟。在《精武》《武林》《中華武術》等刊物上發表作品多篇。為培養武術人才建立了全國獨家迷蹤精武館，任館長、總教練。

　　本冊書整理選編的是迷蹤拳徒手拳術內容的精華部分，其中，迷蹤拳練手是習練基本功夫的基礎套路，健身、技擊效用均佳；迷蹤藝是拳法複雜全面、古來秘不輕傳的精華拳術；迷蹤五虎拳是突出表現虎威威形、風格特點鮮明的套路；實戰技法基本功夫拳、肘、腿法連擊練習，是提高實戰技能的重點功法之一；「十五字技法要訣」是迷蹤拳實戰技法的核心。

　　在迷蹤拳裡，對「十五字技法要訣」的傳授極嚴格，因而鮮爲人知。現破除舊習，將其中部分內容整理出版，以饗讀者。一些深層次的理論、技術問題有待進一步整理，容後再版。

編著者

目 錄

第一章

迷蹤拳練手

迷蹤拳練手與迷蹤拳彈腿同為迷蹤拳習練基本功夫的基礎套路。練手側重練習各種手法。練手共有十二路，每一路主要習練一至幾種手法。動作古樸明快，易學易練，但含義精深，技擊性很強，包括了迷蹤拳手法的基本技法。習練時，每個動作均要左、右勢反覆練習，一個動作練習多少，要根據時間長短、體力強弱而定，這裡以左、右勢動作各做兩遍為例。習練中要求每一動作的發力均要運用全身的整體合力。

動作名稱

預 備 勢	第 七 路　架 推
第 一 路　磕 打	第 八 路　迎 打
第 二 路　捋 打	第 九 路　纏 推
第 三 路　橫 擂	第 十 路　撩 打
第 四 路　擢 打	第十一路　掌 打
第 五 路　展 掛	第十二路　探 抓
第 六 路　劈 砸	收 勢

動作圖解

預備勢

（1）雙腳併步，身體直立。兩手成掌，自然下貼兩大腿外側。目視前方。
（圖 1-1）

圖 1-1

（2）兩手握拳，同時臂外旋屈肘上提兩腰間，拳心均朝上。與此同時，頭向左擺。目視左方。（圖1-2）

【用途】：預備勢也是待發勢，為攻或守做準備。

【要點】：身體要鬆靜站立，神氣內收。雙拳上提與頭向左擺要同時進行。

圖1-2

第一路　磕　打

右勢動作

（1）身體左轉，左腳向前邁一步落地，雙腿微屈膝。在轉身邁步的同時，左拳先向上、向前擊拳，後向下、向後磕掛，仍收抱左腰間，拳眼朝上；右拳向上、向前擊打，拳眼朝上，肘微屈。目視前方。（圖1-3）

圖1-3

（2）左拳向上、向前直擊，肘微屈，拳眼朝上；右拳向下、向後磕掛，仍屈肘收至右腰間，拳眼朝上。目視前方。（圖1-4）

圖1-4

（3）右腳向前邁一步落地，雙腿微屈膝。隨右腳前邁步，右拳向前、向上擊打，肘微屈，拳眼朝上；左拳向後、向下磕掛，至左腰間，拳眼朝上。目視前方。（圖1-5）

圖1-5

左勢動作

（1）左拳向前、向上猛力擊打，肘微屈，拳眼朝上；右拳向後、向下磕掛，屈肘至右腰間，拳眼朝上。目視前方。（圖1-6）

圖1-6

（2）右拳向前、向上猛力擊打，肘微屈，拳眼朝上；左拳向下、向後磕掛至左腰間，屈肘，拳眼朝上。目視前方。（圖1-7）

圖1-7

（3）左腳向前邁一步落地，雙腿微屈膝。同時，左拳向前、向上猛力擊打，肘微屈，拳眼朝上；右拳向後、向下磕掛屈肘收至右腰間，拳眼朝上。目視前方。（圖1-8）

圖1-8

重複練習左、右勢動作，做完左勢第二遍後，身體左轉，右腳上步與左腳併攏成預備勢（2）的動作。（圖1-9）

【用途】：這一路，主要練習直拳擊打的動作，並配合下磕後掛和前腳下踩。其技擊用意，主要是磕掛前擊，前手拳磕掛對手攻來拳腳，後手拳擊打對手胸、腹部。

【要點】：雙拳前擊後磕要同時，上步擊拳也要同時，腳要用力下踩。整個動作要注意運用全身整體合力。

圖1-9

第二路 捋 打

左勢動作

（1）身體左轉，左腳向前邁一步，雙腿微屈膝。右拳變掌，隨轉身向前、向上、向右抄捋後仍變拳收回右腰間，拳眼朝上；左拳向前、向上猛力擊打，肘微屈，拳眼朝上。目視前方。（圖1-10）

圖1-10

（2）左拳變掌，向前、向上、向左抄捋後仍變拳收回左腰間，拳眼朝上。同時，右腳向前邁一步落地，右腿屈膝，左腿伸直。右拳隨右腳前邁步向前、向上猛力擊打，肘微屈，拳眼朝上。目視前方。圖（1-11）

圖1-11

（3）右拳變掌，向左、向前、向右抄抔後仍變拳收回右腰間，拳眼朝上；左拳向前、向上猛力擊打，肘微屈，拳眼朝上。目視前方。（圖1-12）

右勢動作

（1）左拳變掌，向右、向前、向左抄抔後仍變拳收回左腰間，屈肘，拳眼朝上；右拳向前、向上猛力擊打，微屈肘，拳眼朝上。目視前方。（圖1-13）

圖1-12

（2）右拳變掌，向左、向前、向右抄抔後變拳屈肘收回右腰間，拳眼朝上；左拳向前、向上猛力擊打，肘微屈，拳眼朝上。左腳同時向前上一步，左腿屈膝，右腿伸直。目視前方。（圖1-14）

（3）左拳變掌，向右、向前、向左抄抔後變拳

圖1-13

收回左腰間，屈肘，拳眼朝上；右拳向上、向前猛力直擊，肘微屈，拳眼朝上。目視前方。（圖1-15）

圖 1-14

圖 1-15

重複練習上述動作。練
完右勢第二遍後，身體左
轉，右腳上步併攏左腳成預
備勢（2）的動作。（圖
1-16）

【用途】：這一路，主
要練習抄搿擊打的動作。具
體應用時，用左（右）手抄
搿對手擊來拳（掌）腕，右
（左）拳擊打對手肋、胸
部。

圖 1-16

【要點】：抄搿要快速
有力，擊拳要迅猛，二者要同時，不可脫節。

第三路　橫擂

左勢動作

（1）身體左轉，左腿向前邁一步落地，左腿屈膝，右腿伸直。同時，右拳直臂向前、向右橫擺至身體右側，拳心朝下，拳眼朝前；左拳直臂向左、向前、向右橫打至身前，拳心朝下，拳眼朝右。目視前方。（圖1-17）

圖1-17

（2）左拳直臂向左橫擺至身體左側，拳心朝下，拳眼朝前；右拳直臂向左橫打至身前，拳心朝下，拳眼朝左。同時，右腳向前邁一步，右腿屈膝，左腿伸直。目隨右拳。（圖1-18）

（3）右拳直臂向右橫擺至身體右側，拳心朝

圖1-18

下，拳眼朝前；左拳向前、向右橫打至身前，拳心朝下，拳眼朝右。目視前方。（圖1-19）

圖 1-19

圖 1-20

右勢動作

（1）左拳直臂向左
橫擺至身體左側，拳眼朝
前，拳心朝下；右拳直臂
向右橫打至身前，拳眼朝
左，拳心朝下。目隨右
拳。（圖1-20）

（2）右拳直臂向右
橫擺至身體右側，拳心朝
下，拳眼朝前；左拳直臂
向前、向右橫打至身前，

圖 1-21

拳心朝下，拳眼朝右。同時，左腳向前邁一步，左腿屈
膝，右腿伸直。目視前方。（圖1-21）

（3）左拳直臂向左
橫擺至身體左側，拳心朝
下，拳眼朝前；右拳直臂
猛力向前、向左橫打，拳
心朝下，拳眼朝左。目隨
右拳。（圖1-22）

圖1-22

重複練習上述動作。
練完右勢第二遍，身體左
轉、右腳上步與左腳併攏
成預備勢（2）的動作。
（圖1-23）

【用途】：這一路，
主要練習雙拳橫掛、橫打
的動作。實戰使用時，用
左（右）拳磕掛對手從前
方攻來之拳，用右（左）
拳橫打對手頭部或肋部。

【要點】：拳磕掛、
橫打發力要由腰帶動，用
身體的整體勁力。

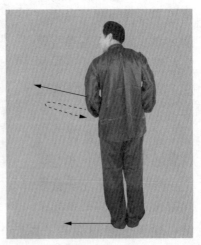

圖1-23

第四路　擺　打

右勢動作

（1）身體左轉，左腳向前邁一步落地，雙腿微屈膝。同時，左拳先臂外旋向前擊打，後臂內旋屈肘拉回左腰間，拳心朝下，拳眼朝裡；右拳臂外旋向前、向上擺打，肘微屈，拳心朝上，拳面朝前。目視前方。（圖1-24）

圖 1-24

（2）左拳臂外旋向上、向前猛力擺打，肘微屈，拳心朝上，拳面朝前；右拳臂內旋向下、向後拉回右腰間，拳心朝下，拳眼朝裡。目視前方。（圖1-25）

圖 1-25

（3）右拳臂外旋，
猛力向前擺打，肘微屈，
拳心朝上，拳面朝前；左
臂內旋，向下、向後拉回
左腰間，拳心朝下，拳眼
朝裡。右腳同時向前邁一
步，雙腿微屈膝。目隨右
拳。（圖1-26）

圖1-26

左勢動作

（1）左拳臂外旋，
向上、向前猛力擺打，肘
微屈，拳心朝上，拳面朝
前；右拳臂內旋，向下、
向後拉回右腰間，拳心朝
下，拳眼朝裡。目視前
方。（圖1-27）

圖1-27

（2）右拳臂外旋，向上、向前猛力擢打，肘微屈，拳心朝上，拳面朝前；左拳臂內旋，向下、向後拉回左腰間，拳心朝下，拳眼朝裡。目視前方。（圖1-28）

圖 1-28

（3）左腳向前邁一步落地，雙腿微屈膝。同時，左拳臂外旋，向上、向前猛力擢打，肘微屈，拳心朝上，拳面朝前；右拳臂內旋，向下、向後屈肘拉回右腰間，拳心朝下，拳眼朝裡。目隨左拳。（圖1-29）

圖 1-29

重複練習上述右、左勢動作，練完左勢第二遍，身體左轉，右腳向前上步，併攏左腳成預備勢（2）的動作。（圖1-30）

【用途】：這一路，主要練習雙拳擺打的動作，並配合掛打。具體應用時，用前手拳磕掛對手攻來拳腳，後手拳向前擺打對手下頷部位。

圖1-30

【用途】：拳前打、後拉要迅猛有力，並要一體，形成全身的整體合力。

第五路 展 掛

右勢動作

（1）身體左轉，左腳向前邁一步落地，雙腿微屈膝。左拳臂屈肘，用前臂向右磕掛後用拳背向左前上方反砸，肘微屈，拳面朝左前上方，拳心朝右後方。目視左拳。（圖1-31）

圖1-31

（2）右拳臂外旋，向前、貼身向左、向右前上方反砸，肘微屈，拳心朝左後方，拳面朝右前上方；左拳臂內旋於右臂外，向右、向下、向左磕掛至左胯外側，拳心朝後，拳眼朝裡。目隨右拳。（圖1-32）

圖1-32

（3）左拳臂外旋，向前、貼身向右、向上、向左反拳砸擊，肘微屈，拳面朝左前上方，拳心朝右後方；右拳臂內旋於左臂外，向左、向下、向右磕掛至右胯外側，拳眼朝裡，拳心朝後。目隨左拳。（圖1-33）

圖1-33

（4）右腳向前邁一
步落地，右腿屈膝，左腿
蹬直。與此同時，右拳臂
外旋，向前、貼身向左、
向上、向右反拳砸擊，肘
微屈，拳心朝左後方；拳
面朝右前上方；左拳臂內
旋於右臂外，向右、向
下、向左磕掛至左胯外
側，拳心朝後，拳眼朝
裡。目隨右拳。（圖
1-34）

圖 1-34

左勢動作

（1）右拳用前臂向
左下方磕掛後仍向右前上
方反砸，肘微屈，拳面朝
右前上方，拳心朝左後
方。目隨右拳。（圖
1-35）

圖 1-35

（2）左拳臂外旋，
向前、貼身向右、向上、
向左反拳砸擊，肘微屈，
拳面朝左前上方，拳心朝
右後方；右拳臂內旋於左
臂外，向左、向下、向右
磕掛至右胯外側，拳心朝
後，拳眼朝裡。目隨左
拳。（圖1-36）

圖1-36

（3）右拳臂外旋，
向前、貼身向左、向上、
向右反砸擊，肘微屈，拳
面朝右前上方，拳心朝左
後方；左拳臂內旋於右臂
外，向右、向下、向左磕
掛至左胯外側，拳心朝
後，拳眼朝裡。目隨右
拳。（圖1-37）

（4）左腳向前邁一
步落地，左腿屈膝，右腿
蹬直。在左腳上步的同
時，左拳臂外旋，向前、
貼身向右、向上、向左反
砸，肘微屈，拳面朝左前

圖1-37

上方，拳心朝右後方；右拳臂內旋於左臂外，向左、向下、向右磕掛至右胯外側，拳心朝後，拳眼朝裡。目隨左拳。（圖1-38）

圖1-38

重複練習左、右勢動作。練完左勢第二遍，身體左轉，右腳上步，併攏左腳成預備勢（2）的動作。（圖1-39）

【用途】：這一路，主要練習雙拳上展和下掛的動作。具體應用時，用左（右）拳挎攔對手攻來拳掌後即向前反砸對手頭部，為單展；用左（右）拳磕掛對手攻來拳掌，用右（左）拳反砸對手頭部，為雙展。

【要點】：雙拳上展、下掛要協調連貫，勁力合一，快速有力，環環相扣。

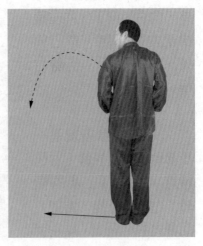

圖1-39

第六路　劈　砸

右勢動作

（1）左腳向左跨一步，身體左轉，左腿屈膝，右腿伸直。隨跨步轉身，左拳向上、向前、向下劈砸，拳眼朝上；右拳直臂伸於身後。目視左拳。（圖1-40）

圖1-40

（2）右拳直臂向上、向前、向下砸擊，拳眼朝上，拳心朝左，左拳直臂從身體左側向下、向後、向上繞行至身後。目視右拳。（圖1-41）

圖1-41

（3）左拳直臂從身後向上、向前、向下砸擊，拳眼朝上，右拳直臂從身體右側向下、向後、向上繞行至身後。目隨左拳。（圖1-42）

圖1-42

（4）右腳向前邁一步落地，右腿屈膝，左腿伸直。右拳直臂向上、向前、向下砸擊，拳眼朝上，左拳直臂從身體左側向下、向後、向上繞行至身後。目隨右拳。（圖1-43）

圖1-43

（5）身體左轉，雙腿屈膝下蹲成馬步。雙拳同時向裡（左拳右、右拳左）、向上於胸前交叉，拳心朝前，右拳在外，隨即繼續向上、向身體兩側劈砸，拳眼均朝上，拳心均朝前。目隨右拳。（圖1-44）

圖1-44

左勢動作

（1）右拳直臂從身前向下、向左、向上、向前、向下畫圓砸劈，拳眼朝上。身體同時左轉，右腿屈膝，左腿伸直。目隨右拳。（圖1-45）

圖1-45

（2）左拳直臂從身後向上、向前、向下劈砸，拳眼朝上；右拳直臂從身體右側向下、向後、向上繞行至身後。目視左拳。（圖1-46）

圖1-46

（3）右拳直臂從身後向上、向前、向下劈砸，拳眼朝上；左拳直臂從身體左側向下、向後、向上繞行至身後。目視右拳。（圖1-47）

圖1-47

（4）左腳向前邁一步落地，左腿屈膝，右腿伸直。左拳同時直臂向上、向前、向下劈砸，拳眼朝上；右拳直臂從身右側向下、向後繞行至身後。目隨左拳。（圖1-48）

圖1-48

（5）身體右轉，雙腿屈膝半蹲成馬步。雙拳同時向裡（左拳右、右拳左）、向上於胸前交叉，左拳在外，拳心朝前，隨即繼續向上、向身體兩側劈砸，拳眼均朝上，拳心均朝前。目視左拳。（圖1-49）

圖1-49

重複練習上述動作。
練完左勢第二遍，身體左
後轉，右腳上步，與左腳
併攏成預備勢（2）的動
作。（圖 1-50）

【用途】：這一路，
主要練習雙拳劈砸的動
作，有單劈砸和雙劈砸。
技擊用法，有磕擋劈砸、
躲身劈砸等。

【要點】：雙拳掄臂
繞行要走圓，勁力要順

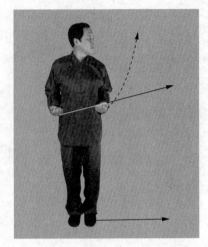

圖 1-50

達，劈砸拳要迅捷有力，臂、腿動作要協調一體。

第七路　架　推

左勢動作

（1）身體左轉，左
腳向前邁一步，左腿屈
膝，右腿伸直成左弓步。
同時，雙拳變掌，左掌屈
肘向上橫架於頭上方；右
掌屈腕成立掌向前猛力推
出，掌指朝上，掌心朝
前。目隨右掌。（圖
1-51）

圖 1-51

（2）右掌向上跳架
後屈肘橫至頭上方，掌心
朝上；左掌屈腕成立掌向
下、向前猛力直推，掌指
朝上，掌心朝前。身體右
轉，雙腿屈膝半蹲成馬
步。目視左掌。（圖
1-52）

圖 1-52

右勢動作

（1）身體左轉，右
腳向前邁一步，右腿屈
膝，左腿伸直成右弓步。
右掌屈肘向上橫架於頭上
方，掌心朝上；左掌向前
猛力推掌，掌指朝上，掌
心朝前。目隨左掌。（圖
1-53）

圖 1-53

（2）左掌向上挑架後屈肘橫於頭上方，掌心朝上；右掌向下、向前猛力推掌，掌指朝上，掌心朝前。身體同時左轉，雙腿屈膝半蹲成馬步。目視右掌。（圖1-54）

圖1-54

重複練習左、右勢動作。練完右勢第二遍，身體直立，左腳向右腳併攏成預備勢（2）的動作。（圖1-55）

【用途】：這一路，重點練習雙掌架擋推掌的動作，有拗步架推和順步架推。實戰應用時主要是迎擋推擊。

【要點】：架掌、推掌、上步、轉身動作要連貫，並要疾速有力。

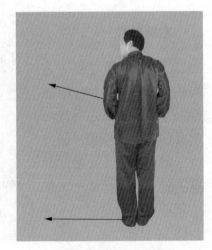

圖1-55

第八路　迎　打

右勢動作

（1）左腳向左跨一步，身體左轉，左腿屈膝，右腿蹬直。同時，右拳向前直擊，肘微屈，拳心朝下，拳眼朝左。目視前方。（圖1-56）

圖 1-56

（2）身體右轉，雙腿屈膝半蹲成馬步。左拳向左直擊，拳心朝下，拳眼朝前；右拳屈肘收回右腰間，拳心朝上。目視左拳。（圖1-57）

圖 1-57

（3）左拳屈肘向上迎架至頭上方。身體左轉，右腳向前邁一步落地。（圖1-58）

圖1-58

（4）上動不停。身體左轉，雙腿屈膝半蹲成馬步。右拳向右直擊，拳心朝下，拳眼朝前；左拳從頭上方下落左腰間，屈肘，拳心朝上。目視右拳。（圖1-59）

圖1-59

左勢動作

（1）身體右轉，雙腿由馬步變成右弓步。左拳伴隨轉身向前直擊，拳心朝下，拳眼朝右；右拳屈肘收回右腰間，拳心朝上。目視前方。（圖1-60）

圖 1–60

（2）身體左轉，雙腿由右弓步仍變成馬步。同時，右拳向右直擊，拳心朝下，拳眼朝前；左拳屈肘收回左腰間，拳心朝上。目隨右拳。（圖1-61）

圖 1–61

（3）右拳屈肘向上
迎架至頭上方，身體右
轉，左腳向前邁一步落
地。（圖1-62）

圖1-62

（4）上動不停。身
體右轉，雙腿屈膝成馬
步。左拳向左直擊，拳心
朝下，拳眼朝前；右拳下
落右腰間，拳心朝上。目
隨左拳。（圖1-63）

圖1-63

重複練習上述動作。練完左勢第二遍，身體向左後轉，右腳靠攏左腳成預備勢（2）的動作。（圖1-64）

圖1-64

【用途】：這一路，側重練習迎架擊打的動作。具體運用時，我用左（右）拳向上迎架對手擊來拳掌的同時，用右（左）拳擊打對手胸、肋部位。

【要點】：迎架、上步、擊拳要連貫、緊湊，不可脫節，擊拳用力要足。

第九路　纏　推

右勢動作

（1）身體左轉，左腳向前邁一步，雙腿微屈膝。雙拳變掌，同時向左、向上、向右纏捋。目視前方。（圖1-65）

圖1-65

（2）上動不停。雙掌同時用力向前直推，掌心均朝前，掌指均朝上。左腿屈膝，右腿蹬直。目視前方。（圖1-66）

圖1-66

（3）右腳向前邁一步落地，雙腿微屈膝。雙掌同時向右、向上、向左纏捋。目視前方。（圖1-67）

圖1-67

（4）雙掌同時用力向前直推，掌指朝上，掌心朝前。右腿屈膝，左腿蹬直。目視前方。（圖1-68）

圖1-68

左勢動作

（1）雙掌同時向右、向上、向左纏捋。雙腿微屈膝。目視前方。（圖1-69）

圖1-69

（2）雙掌同時用力
向前直推，掌心朝前，掌
指朝上。右腿屈膝，左腿
蹬直。目視前方。（圖
1-70）

圖1–70

（3）左腳向前邁一
步落地，雙腿微屈膝。雙
掌同時向左、向上、向右
纏抒。目視前方。（圖
1-71）

圖1–71

（4）雙掌同時用力向前直推，掌指朝上，掌心朝前。左腿屈膝，右腿蹬直。目視前方。（圖1-72）

圖 1–72

重複練習上述右、左勢動作，練完左勢第二遍，身體左轉，右腳併攏左腳成預備勢（2）的動作。（圖1-73）

【用途】：這一路，主要練習雙掌纏挎推擊的動作。技擊用法，雙掌纏挎對方攻來拳掌後向前推擊對方胸肋部。

【要點】：雙掌纏挎要柔而疾，推掌要迅猛，前腳要配合下踩，要用全身整體合力。

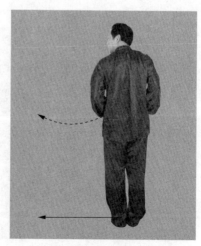

圖 1–73

第十路 撩 打

左勢動作

（1）左腳向左跨一步，雙腿屈膝半蹲。同時，左拳向左撩打，肘微屈，拳眼朝上，拳心朝前；右拳擺至右胯外側。目視左方。（圖1-74）

圖 1-74

（2）身體左轉，左腿屈膝，右腿伸直。隨著轉身，右拳向前撩打，拳眼朝上，拳面朝前，肘微屈；左拳擺至身體左後方。目視前方。（圖1-75）

圖 1-75

（3）身體右轉，左腳向右腳併靠，腳尖著地，雙腿屈膝成左丁步。右拳向後擺至右胯外側；左拳擺至小腹前。目視左方。（圖1-76）

圖1-76

（4）身體左轉，左腳向前邁一步落地，左腿屈膝，右腿伸直。與此同時，左拳成鈎手，用鈎頂向前猛力撩打。目視前方。（圖1-77）

圖1-77

右勢動作

（1）右腳向前邁一步落地，身體左轉，雙腿屈膝成馬步。右拳向右撩打，肘微屈，拳眼朝上；左鈎手變拳，擺至左胯外側。目隨右拳。（圖1-78）

圖1-78

（2）身體右轉，右腿屈膝，左腿伸直。左拳向前撩打，肘微屈，拳眼朝上；右拳擺至身體右後方。目視前方。（圖1-79）

圖1-79

（3）身體左轉，右腿向左腳併攏，腳尖著地，雙腿屈膝成右丁步。左拳擺至左胯外側；右拳擺至小腹前。目視右方。（圖1-80）

圖1-80

（4）身體右轉，右腳向前邁一步，右腿屈膝，左腿伸直。右拳變鈎手，用鈎頂向前猛力撩打。目視前方。（圖1-81）

圖1-81

重複練習左、右勢動作。練完右勢第二遍，身體左轉，左腳向右腳併攏成預備勢（2）的動作。（圖1-82）

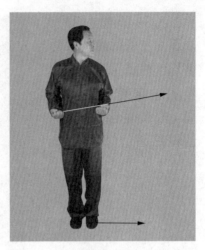

圖1-82

【用途】：這一路，主要練習撩打的動作，有拳的拳打和鈎手的撩打。在實戰用法上，有攔擋撩打和躲閃撩打。

【要點】：步型的轉換要快，拳鈎的撩打要狠、要猛，用力要足。

第十一路 掌 打

右勢動作

（1）身體左轉，左腿屈膝，右腿伸直。右拳變掌，向前猛力直插，掌心朝左，掌指朝前。目視前方。（圖1-83）

圖1-83

（2）左拳變掌，用
力向上、向前插掌，掌心
朝上，掌指朝前；右掌屈
肘收回右腰間，掌心朝
上。目視前方。（圖
1-84）

圖 1-84

（3）右腳向前邁一
步落地，雙腿微屈膝。在
右腳上步的同時，右掌先
向上、向前，然後臂外
旋，向下、向左砍掌，肘
微屈，掌心朝上，掌指朝
左前方；左掌屈肘收回左
腰間，掌心朝上。目隨右
掌。（圖1-85）

圖 1-85

（4）右掌臂內旋，
向右、向前平削掌，臂伸
直，掌心朝下，掌指朝右
前方，右腿屈膝，左腿伸
直。目隨右掌。（圖
1-86）

圖 1-86

左勢動作

（1）左掌向前用力
直插，掌指朝前，掌心朝
右；右掌屈肘收回右腰
間，掌心朝上。目視前
方。（圖1-87）

圖 1-87

（2）右掌向前、向上用力插擊，掌指朝前，掌心朝上；左掌屈肘收回左腰間，掌心朝上。目隨右掌。（圖1-88）

圖1-88

（3）左腳向前邁一步落地，雙腿微屈膝。左掌先向上、向前，然後臂外旋，向右、向下砍掌，掌心朝上，掌指朝右前方，肘微屈；右掌屈肘收回右腰間，掌心朝上。目隨左掌。（圖1-89）

圖1-89

（4）左掌臂內旋，向左、向前削掌，臂伸直，掌心朝下，掌指朝左前方。左腿屈膝，右腿伸直。目隨左掌。（圖1-90）

圖1-90

重複練習上述動作。練完左勢第二遍，身體左轉，右腳併靠左腳成預備勢（2）的動作。（圖1-91）

【用途】：這一路，主要練習雙掌的動作，有立插掌、平插掌、砍掌和削掌。在技法上主要有插肋、插脖和砍削頸等。

【要點】：插掌、砍削掌速度要快，用力要足，砍削掌要與上步、轉換步同時進行。

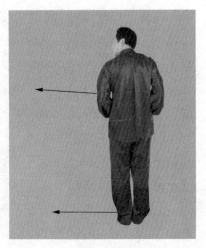

圖1-91

第十二路　探　抓

右勢動作

（1）身體左轉，左腳向前邁一步落地，左腿屈膝，右腿伸直。右掌變爪，向前抓擊，肘微屈，爪心朝前，虎口朝左。目視前方。（圖1-92）

圖1-92

（2）左拳變爪，向前抓擊，肘微屈，爪心朝前；右爪屈肘收回右腰前，爪心朝前。目隨左爪。（圖1-93）

圖1-93

（3）右腳向前邁一
步落地，雙腿微屈膝。右
爪臂外旋向前、向上撩
抓，肘微屈，爪心朝前上
方，虎口朝右；左爪屈肘
收回左腰前，爪心朝前。
目視前方。（圖1-94）

圖1-94

（4）左爪臂外旋，
向前、向上撩抓，爪心朝
前上方，虎口朝左；右爪
臂內旋，屈肘收回右腰
前，爪心朝前。目視前
方。（圖1-95）

圖1-95

（5）雙腳向前滑步，雙腿屈膝。右爪猛力向前、向上卡抓，爪心朝前，虎口朝上；左爪臂內旋，屈肘收回左腰前，爪心朝前。目隨右爪。（圖1-96）

圖1-96

左勢動作

（1）左爪向上、向前用力抓擊，爪心朝前，虎口朝右；右爪屈肘收回右腰前，爪心朝前。右腿屈膝，左腿伸直。目視前方。（圖1-97）

圖1-97

（2）右爪向上、
向前用力抓擊，爪心朝
前，虎口朝左；左爪屈
肘收回左腰前，爪心朝
前。目視前方。（圖
1-98）

圖1-98

（3）左腳向前邁
一步落地，雙腿微屈
膝。左爪臂外旋，向
前、向上抓撩，爪心朝
前上方，虎口朝左，肘
微屈；右爪屈肘收回右
腰前，爪心朝前。目視
前方。（圖1-99）

圖1-99

（4）右爪臂外旋，向前、向上抓撩，爪心朝前上方，虎口朝左；左爪臂內旋，屈肘收回左腰前，爪心朝前。目視前方。（圖1-100）

圖1-100

（5）雙腳向前滑步，雙腿屈膝。左爪向上、向前用力卡抓，爪心朝前，虎口朝上；右爪屈肘收回右腰前，爪心朝前。目視前方。（圖1-101）

圖1-101

重複練習上述動作。
練完左勢第二遍，身體左
轉，右腳併靠左腳成預備
勢（2）的動作。（圖
1-102）

【用途】：這一路，
重點練習雙手抓的動作，
有直抓、撩抓和卡抓。實
戰應用主要是抓擊對手的
胸部、喉部和襠部。

【要點】：抓擊要
快、要狠、要有力。步
子、身體的變化要輕靈敏
捷。

圖 1-102

收　勢

雙拳成掌，自然下貼
於兩大腿外側。頭右轉
正，目視前方。（圖
1-103）

【要點】：身體要鬆
靜站立，神氣內收。

圖 1-103

第二章

迷　蹤　藝

迷蹤藝是迷蹤拳中古來秘不輕傳的精華套路，拳法複雜多變，技法全面高深，招招式式實用，靠、抱、黏、拗、頂、彈等十五字技法要訣的一些主要技法均寓其中。

迷蹤藝在行拳走勢時，威如虎豹，活似龍蛇，輕如猿猴，舒展齊備；剛柔相濟，內外併兼，急緩得宜，快慢相間；虛實結合，隱發相伴，攻守合一，變化多端。

動作名稱

預備勢

第一段

1. 羅漢雙推手
2. 猛虎硬靠山
3. 霸王前頂肘
4. 獅子驚擺頭
5. 惡豹急轉身
6. 金剛力推山
7. 順牽強鬥牛
8. 立地沖天炮
9. 橫擔鐵門閂
10. 迎賓送歸客
11. 靈童疾跺腳
12. 浪子急回頭
13. 單峰猛貫耳
14. 獅子大張口

第二段

15. 仙童勾踢腿

16. 閻王撩踢腳
17. 迎封穿胸掌
18. 劈山震碎石
19. 霸王硬拋錘
20. 拙童巧拗別
21. 迎門三不顧
22. 連環貫擊耳

第三段

23. 王小暗搗肘
24. 金剛猛推碑
25. 金雞鬧獨立
26. 猛虎滾身捶
27. 神猴反托撩
28. 游龍靈轉頭
29. 二龍共搶珠

第四段

30. 鳳凰雙展翅
31. 黃鷹雙抱爪

動作圖解

預備勢

　　雙腳併步站立，雙膝屈膝。兩
手成掌，自然下貼於兩大腿外側。
目視前方。（圖2-1）

　　【用途】：此勢是本拳的預備
勢，也是無極樁勢，既可作習拳的
預備勢，也可為單獨的樁勢練習，

圖2-1

是迷蹤拳習練內功的椿勢
之一。

【要點】：要頭頂項
豎，沉肩下氣，鬆靜自
然，神氣內收。

第 一 段

1.羅漢雙推手

（1）雙掌先臂外旋
屈肘上提胸前交叉（右掌
左，左掌右），右掌在
外，掌心朝後，掌指斜向
上，然後臂內旋，向上剪
架至頭前上方，掌心均朝
前，掌指仍斜向上。與此
同時，左腳向後蹶撩，腳
離地，腳掌斜朝後上。目
視前方。（圖2-2）

圖2-2

（2）上動不停。左
腳向前邁一步落地，腿即
屈膝，右腿伸直。雙掌直
臂向身體兩側下落至腰
部，掌心仍朝前。目視前
方。（圖2-3）

（3）緊接著，右腳

圖2-3

向前邁一步落地，右腿屈膝半蹲，左腿蹬直，成右弓步。雙掌先臂外旋，屈肘向裡（右掌向左、左掌向右）收腰前，然後臂內旋，屈腕成立掌，猛力向前推出，臂伸直，掌心朝前，掌指朝上。目視雙掌。（圖2-4）

圖2-4

【用途】：當對手用雙拳直擊我胸部或臉部時，我雙掌向上托架，同時左腳向前搓踹對方小腿或腳面；對方後退躲閃時，我上右步雙掌推擊對方胸部。（圖2-5、圖2-6）

【要點】：雙掌上托架要快，要猛，左腳後蹶前上步要緊湊連貫，上右步雙掌前推要同時進行，推掌要有力。

圖2-5

圖2-6

2.猛虎硬靠山

身體左轉，雙腿成半馬步。雙掌隨左轉身向左抄捋後右肩臂向右靠擊。目視右方。（圖2-7）

圖2-7

【用途】：對方左前式用左拳向我胸部直擊時，我雙掌向左、向後抄捋其左前臂，同時上右腳埋住對方左腿腳，用右臂向右靠擊對方左胸肋部位。（圖2-8）

【要點】：雙手抄捋要快，並要抓緊對方左臂。上步埋對方腿腳與右臂靠擊要同時進行，靠擊要用身體整體之力。

圖2-8

3. 霸王前頂肘

左腳向前邁一步落地，左腿屈膝，右腿蹬直，成左弓步。同時，右掌向前抄捋後落於身體後方；左掌變拳，左臂屈肘用肘尖向前頂擊。目視左肘尖。（圖2-9）

圖2-9

【用途】：對方用右直拳擊打我胸、頭部時，我右掌向前、向右後抄捋其右前臂，同時用左肘尖向前頂其右肋部位。（圖2-10）

【要點】：抄捋對方右前臂要快，左腳上步要急，左肘頂擊要狠、要猛、要有力。

圖2-10

4.獅子驚擺頭

以雙腳前掌為軸碾地，身體向右後轉，右腿屈膝，左腿伸直。在右轉身的同時，右拳向上、向右弧形擺拳，肘微屈，拳面向上，拳心朝左；左拳落至身體後方，拳心朝上，目視右拳。（圖2-11）

圖 2-11

【用途】：對方從身後出拳擊我頭部時，我右轉身躲過其拳擊打，同時用右擺拳擊打對方頭部。（圖2-12）

【要點】：右轉身要急要活，擺拳擊打要疾、要猛、要有力，要用全身整體之力。

圖 2-12

5.惡豹急轉身

　　以雙腳前掌為軸碾
地，身體向右後轉，右腳
向前邁一步落地，右腿屈
膝，左腿伸直。同時，用
右肩和上臂向前靠擊。目
視前方。（圖 2-13）

圖 2-13

　　【用途】：對方從身
後欲出拳擊我時，我身體
右後轉，右腳向前埋住對
方腿腳，同時用右肩臂靠
擊對方胸部，將其靠出。
（圖 2-14）

　　【要點】：轉身、上
步、靠擊三個動作要連
貫、緊湊，必須快速有
力，達到後發先至。

圖 2-14

6.金剛力推山

（1）用右前臂向右後下方磕掛，上身微左轉，身體重心向後移。目隨右前臂。（圖2-15）

圖2-15

（2）雙腳蹬地跳起，在空中身體向右後轉，左腳向左落地，右腳向右落地，雙腿微屈膝。與跳步轉身同時，雙拳變掌，雙掌向上、向右、向後抄捋至胸前。目視左方。（圖2-16）

圖2-16

（3）上動不停。身體左轉，左腿屈膝，右腿蹬直，成左弓步。雙掌屈腕成立掌，向前猛力推出，掌心朝前，掌指均朝上。目隨右掌。（圖2-17）

圖2-17

【用途】：對方用右拳直擊我胸、腹部時，可用前臂向下磕掛；擊我頭部時，雙掌向上、向後抄挕。無論是磕掛還是抄挕後，均要右轉身上左腳，用雙掌猛推對方身體。（圖2-18）

【要點】：磕掛要黏住對方拳腕，抄挕要挕緊對方前臂，防其掙脫。轉身上步要疾，推掌要迅猛有力，一擊將其放出。

圖2-18

7. 順牽強鬥牛

（1）雙掌向上、向身體右後方捋拽，上身微右轉。同時，右腳從身後橫腳用腳掌向左前方趟踹，腿伸直，腳離地，腳尖斜朝右上。目視前方。（圖2-19）

圖2-19

（2）右腳尖左擺正後落地，左腳從身後橫腳用腳掌向右前方趟踹，腿伸直，腳離地，腳尖斜朝左上。與左腳前踹同時，雙掌向前至身前後向身體左後方捋拽。上身微左轉。目視前方。（圖2-20）

圖2-20

【用途】：對方用左拳或右拳向我胸、頭部擊打時，我雙手抄捋並向後拉拽，同時用腳向前踹對方小腿。（圖2-21）

【要點】：抄捋後拽要快、要有力，前踹腿要猛、要狠。兩個動作要同時進行。

圖2-21

8.立地沖天炮

左腳腳尖右擺正落地，左腿屈膝半蹲，右腿蹬直成左弓步。雙掌變拳，左拳向前、向上擺打，肘微屈，拳面朝上，拳心朝後；右拳向後擺至身體右後方，拳心朝下。目視左拳。（圖2-22）

圖2-22

【用途】：對方用左拳直擊我胸部時，我右拳向下、向右磕掛，左拳向前、向上擺打對方下頜部位。（圖2-23）

【要點】：左腳落地與左拳擊打要同時進行，左拳擊打要快、要準、要狠，要用全身整體之力。

圖2-23

9.橫擔鐵門閂

右腳向前邁一步落地，右腿屈膝半蹲，左腿蹬直成右弓步。隨著右腳前邁步，右拳從身後向前直擊，臂伸直，拳眼朝上，拳心朝左；左拳同時向身後直擊，臂伸直，拳眼朝上，拳心朝左。目視前方。（圖2-24）

圖2-24

【**用途**】：對方用
右拳直擊我胸部時，我
左拳向下、向後磕掛，
右拳向前直擊對方胸
部，右腳可同時向前上
步。（圖 2-25）

【**要點**】：右拳前
擊用力要猛，速度要
快，利用好右腳向前邁
步、身體前衝之力。

圖 2-25

10. 迎賓送歸客

（1）雙拳變掌，右
掌向後，左掌向前，雙掌
至身前後向前接握，左掌
心朝上，右掌心朝上。同
時，右腳向前邁一步落
地，腿微屈膝；左腳隨之
向前趨步，腿屈膝，腳離
地。目視右手掌。（圖
2-26）

圖 2-26

（2）左腳向後落步，右腳向後趙步，雙腿膝微屈，右腳離地。與雙腳動作同時，雙掌向後捋拉。目視右掌。（圖2-27）

圖2-27

（3）右腳向前落地，雙腿微屈膝。同時，雙掌向前猛力推擊，掌心朝下。目視右掌。（圖2-28）

【用途】：對方用右拳直擊我腹、胸部時，我雙掌向前，左掌捋抓手腕，右掌托抓肘關節，並向後捋拽，欲使對方前趴地上。對方如後墜身抽臂時，我雙掌順勢向前推對方臂、身。（圖2-29、圖2-30）

【要點】：此為借力打力之用法，要掌握好後捋與前推最佳時機，後捋與前推要有力，變換要靈活、協調。

圖2-28

圖 2-29　　　　　　　　圖 2-30

11. 靈童疾跺腳

　　身體左轉，左腳向右跳落右腳處，右腳同時提起，右腳用腳掌向右跺腳，左腿屈膝，右腿伸直。左掌屈肘向上橫亮掌於頭上方，掌心朝上；右掌變鈎手，勾掛至身體後方，鈎尖朝上。目視右腳。（圖2-31）

圖 2-31

【用途】：此為猝擊對方之法，突然跳步起腳跺踹對方小腿。（圖2-32）

【要點】：跳步要快，跺腳要狠，一擊必中。

圖2-32

12. 浪子急回頭

身體左轉，右腳向前邁一步落地，右腿屈膝半蹲，左腿蹬直，成右弓步。右手變拳，隨右腳前邁向前直擊，拳眼朝上，拳心朝左；左掌向右、向下抄摟後下落左腰間，掌心朝上。目視右拳。（圖2-33）

圖2-33

【用途】：對方從身後用左拳向我擊打時，我左轉身左手抄捋其拳、臂，右拳向前直擊對方胸、肋部。（圖2-34）

【要點】：左轉身要急，左手抄捋要快，右腳上步，右拳前擊要迅猛有力。

圖2-34

13. 單峰猛貫耳

身體向左後轉，雙腿屈膝，右腳前腳掌著地，成右跪膝步。隨著左轉身，右拳用拳眼向前、向上猛力貫擊；左拳變掌，向前至頭左前上方用掌心迎擊右拳眼。目視右拳。（圖2-35）

圖2-35

【用途】：對方用左拳向前直擊我頭部時，我用左拳向左攔掛；同時用右拳眼貫打對方左耳根部。（圖2-36）

【要點】：左轉身要快，右拳貫打要猛、要有力，要用全身整體之力。

圖2-36

14. 獅子大張口

以雙腳前掌為軸碾地，身體向右後轉，雙腿屈膝成半虛步。右拳變掌，向下、向前伸於右腿前上方，掌心朝上；左掌橫於頭上方，掌心朝下。目視前方。（圖2-37）

【用途】：此勢為定勢，也叫待發勢，可攻可守。

【要點】：要前虛後實，以利變化。

圖2-37

第 二 段

15. 仙童勾踢腿

身體重心前移，右腳站穩，腿微屈膝，左腳向前、向右勾踢，腳離地，腳尖勾起，力在腳踝。身體右轉，兩掌自然擺落至身體兩側。目隨左腳。（圖 2-38）

圖 2-38

【用途】：先發制人，突然向前勾踢對方小腿；後發制人，對方欲起腳踢我或低腿攻我，可後發先至，勾踢對方小腿。（圖 2-39、圖 2-40）

圖 2-39

圖 2-40

【要點】：欲勾踢腿，先轉身提胯，以身催腿，以腿催腳，全身之力，集於左腳。

16. 閻王撩踢腳

左腳落地，身體右轉，右腳直腿向後撩踢，腳面繃平。右掌隨右腳向後甩撩，掌指朝後，掌心朝左；左掌同時向前甩撩，掌指朝前，掌心朝右。頭右後轉，目視右腳。（圖2-41）

圖2-41

【用途】：對方用左直拳擊我頭部時，我身右轉躲閃的同時，右腳向後撩踢對方襠部。（圖2-42）

圖2-42

【要點】：轉身要疾，撩踢要猛、要狠，撩踢的部位要準。並快撩速收，以利再戰。

17. 迎封穿胸掌

右腳落地，以雙腳前掌為軸碾地，身體向右後轉，右腿屈膝半蹲，左腿蹬直，成右弓步。與此同時，右掌屈肘向上橫架在頭上方，掌心朝上；左掌屈腕成立掌向前推出，掌指朝上，掌心朝前。目視左掌。（圖2-43）

圖2-43

【用途】：對方用左拳直擊我頭部時，我右掌向上迎架，左掌向前推擊對方胸部。（圖2-44）

【要點】：轉身、右掌迎架、左掌前推要連貫一體，迎封要有力，推掌要迅猛。

圖2-44

18. 劈山震碎石

（1）雙掌變拳，右拳向前、向下猛劈，拳眼朝上，拳心朝左；左拳屈肘後拉左腰間，拳心朝上。雙腳同時前滑步，雙腿屈膝成左跪膝步。目視右拳。（圖2-45）

圖2-45

（2）雙腿由左跪步變右弓步。同時，右拳臂外旋，向前、向上擺擊，拳面朝後。目視右拳。（圖2-46）

圖2-46

【用途】：先發制人用法，我用右拳向前劈砸對方頭部，對方後仰頭躲之，我隨即臂外旋，向前、向上擺打對方下頜。後發制人用法，對方用右拳擊我胸部時，我用右拳下砸後即向上、向前擊打對方下頜。（圖2-47）

【要點】：劈拳要快速有力，擺拳要準、要狠。劈拳轉擺拳要連貫，不可間斷。

圖2-47

19. 霸王硬拋錘

左腳由身後向左前方邁一步落地，左腿屈膝，右腿蹬直，上身左轉。左拳由左腰間向前、向左、向上拋擊，拳心朝上，拳眼朝左；右拳屈肘收回右腰間，拳心朝上。目隨左拳。（圖2-48）

圖2-48

【用途】：對方用左直拳擊我臉部時，我用右拳向上、向後勾掛其手腕，同時，左拳向前、向左拋擊對方頭部。（圖2-49）

【要點】：要擰身拋拳，迅猛有力。

圖2-49

20. 拙童巧拗別

右腳從身後向左、向前、向右弧形趟步，雙腿微屈膝。同時，右拳臂外旋，用拳眼向右、向前、向左弧形貫打，拳心朝下；左拳屈肘收回左腰間，拳心朝上。目視右拳。（圖2-50）

圖2-50

【用途】：對方用左直拳擊我面部時，我左拳向上、向左、向後抄捋對方左前臂，同時，右腰向前、向右趟，別對方左腿，右拳向前、向左擊打對方後腦部位。（圖2-51）

圖2-51

【要點】：抄捋臂要快、要緊。右腿趟腳與右拳貫打要同時進行，形成擊打方向相反、擊打力量相同之合力。

21. 迎門三不顧

（1）左腳向前邁一步落地，腿即屈膝，右腿蹬直，成左弓步。與前邁步同時，左拳臂內旋，向前直擊，肘微屈，拳眼朝上，拳心朝左；右拳屈肘收回右腰間，拳心朝上。上身微右轉。目視左拳。（圖2-52）

圖2-52

（2）上動不停。右拳由右腰間向前猛力直擊，肘微屈，拳眼朝上，拳心朝左；左拳屈肘收至左腰間，拳心朝上，上身微左轉。目視右拳。（圖2-53）

（3）上動不停。右腳由身後向前彈踢，腳面繃平，力達腳尖，左腿站直，右拳屈肘拉回右腰間，拳心朝上。目視右腳。（圖2-54）

圖2-53

【用途】：先發制人用法，出手三招，拳腳連續擊打對方。後發制人用法，對方用右直拳擊我頭部，我左拳向上迎架，右拳直擊對方胸部。對方後退，我起右腳彈踢。（圖2-55）

【要點】：三連擊連接要緊湊，要快速有力。

22. 連環貫擊耳

（1）右腳落地，雙腿右屈左直成右弓步。隨著右腿落地，右拳臂內旋，用拳

圖2-54

圖 2-55

圖 2-56

眼向右、向前、向左弧形貫
打，肘微屈，拳心朝下。目
視右拳。（圖 2-56）

　（2）上動不停。左拳
臂內旋，用拳眼向左、向
前、向右弧形貫擊，肘微
屈，拳心朝下；右拳屈肘收
回右腰間，拳心朝上。目視
左拳。（圖 2-57）

　【用途】：先發制人，
雙拳連續貫打對方耳根部
位。（圖 2-58）

圖 2-57

　【要點】：三拳貫擊要連貫、緊湊，注意運用全身之
力。

圖 2-58   圖 2-59

第 三 段

23. 王小暗搗肘

身體左轉，左腿屈膝，右腿蹬直。同時，左肘屈肘，用肘尖向左搗肘，右拳變掌，抱推於左拳上。目視左肘。（圖 2-59）

【用途】：對方位於我身後欲出右拳擊我後腦部位，我突然左轉身用左肘搗擊對方胸部。（圖 2-60）

【要點】：左轉身、搗肘要同時進行。搗肘要快、要狠、要有力。

24. 金剛猛推碑

身體向左後轉，右腳向右邁一步落地，雙腿屈膝半蹲

圖 2-60

圖 2-61 正面

成馬步。在轉身上步的同時，左拳變掌，向左、向後抄捋後屈肘落至左腰間，掌心朝上；右掌屈腕成立掌，向前猛力推出，掌心朝前，掌指朝上。目視右掌。（圖 2-61）

【用途】：對方從左側用左或右拳擊我時，我左手向左抄捋對方攻來之手前臂，同時左轉身上右步，右掌隨上步向前猛擊對方胸、肋部。（圖 2-62）

圖 2-61 反面

【要點】：推掌與轉身上步要同時進行。捋臂要快，推掌要狠、要猛、要有力。

圖 2-62

圖 2-63

25. 金雞鬧獨立

身體右轉，右腿站直，左
腿屈膝上提身前，腳尖朝下。
雙掌變拳，右拳屈肘，經臉前
向上橫於頭上方，拳心朝上，
拳面朝前，肘尖朝後；左拳屈
肘頂至胸前，肘尖朝前，拳心
朝上，拳面朝後。目視前方。
（圖 2-63）

圖 2-64

【用途】：對方用右拳擊
我頭部時，我用右前臂向上迎
架，提腿進身，用左肘尖頂對方右肋，或用左膝頂對方
腰、胯部位。（圖 2-64）

【要點】：轉身、迎架、頂肘、頂膝要同時進行。

26. 猛虎滾身捶

（1）左腳向前落地，左腿屈膝，右腿伸直。左拳向前、向下劈砸，拳眼朝上，上身微右轉。目視左拳。（圖2-65）

圖2-65

（2）上動不停，右腳向前邁一步落地，右腿屈膝，左腿伸直。右拳隨右腳前邁步向前、向下劈砸，拳眼朝上；左拳屈肘收回左腰間，拳心朝上。上身微左轉。目視右拳。（圖2-66）

圖2-66

（3）上動不停。身體左轉，左腳從右腳後向右插步，雙腿屈膝。隨轉身插步，右拳向下、向左、向上、向右畫圓後繼續向右下劈砸，拳心朝上。目視右拳。（圖2-67）

圖2-67

（4）上動不停。以雙腳前掌為軸碾地，身體向左翻轉270°，左腿屈膝，右腿伸直。同時，左拳向前、向下劈砸，拳眼朝上；右拳隨轉身擺落身後方，拳心朝下。目視左拳。（圖2-68）

圖2-68

（5）上動不停。右腳向前邁一步落地，身體左轉，雙腿屈膝成馬步。右拳從身後向上、向前、向下弧形劈砸，拳心朝上；左拳屈肘收抱於左腰間，拳心朝上。目視右拳。（圖2-69）

【用途】：連續進攻擊打對方。

【要點】：上步轉身要靈活快速，劈砸拳要迅猛有力。

圖2-69

27. 神猴反托撩

（1）身體微左轉，左腳從右腳後向右後插步，雙腿屈膝。右拳用拳背向身體右後方反撩，臂伸直，拳背朝上。目視右拳。（圖2-70）

（2）上動不停。右腳向身體右後方直腿反撩，腳尖朝下，力在腳跟，左腿站直。雙拳變掌，右掌向上、向前、向下於胸前與左掌相穿後隨

圖2-70

右腳向左後甩撩；左
掌向右、向上在右臂
裡與右掌相穿後向頭
左上方直臂伸插。目
視右腳。（圖 2-71）

圖 2-71

【用途】：對方
從後方用左或右拳擊
打我頭部時，我頭前
低躲閃的同時，右拳
撩打對方襠部；對方
如退閃，我再用右腳
撩踢對方襠部。（圖 2-72、圖 2-73）

【要點】：頭躲閃與拳後撩打要同時進行，腳撩踢要
快、要狠、要準，一擊必中。

圖 2-72

圖 2-73

28.游龍靈轉頭

（1）右腳落地。
目視右後方。（圖2-
74）

圖2-74

（2）身體右轉，
左腳向前邁一步，左腿
屈膝，右腿伸直。雙掌
變拳，雙拳擺至胸前
後，隨轉身上步向上、
向前、向下弧形劈砸，
兩拳眼均朝上，拳心相
對。目隨雙拳。（圖
2-75）

圖2-75

（3）上動不停。身體繼續右轉，右腳從左腳後向左插步，雙腿屈膝，同時，雙拳向右、向上、向左、向下畫圓劈砸，雙拳眼均朝上。上身向左擰轉。目視左拳。（圖2-76）

圖2-76

【用途】：對方從右方用拳擊打我時，我右拳向下磕砸對方攻我之拳，同時上步用左拳劈砸對方頭部，對方後退時並連續擊打之。（圖2-77）

【要點】：轉身上步要靈活，要急速，拳劈砸要有力。

圖2-77

29. 二龍共搶珠

以雙腳前掌為軸碾地，身體向右後轉 270°，左腳向前邁一步，左腿屈膝，右腿蹬直成左弓步。伴隨轉身上步，右拳向前、向下劈砸後屈肘收落右腰間，拳心朝上；左拳拇指、無名指、小指三指相握，食指、中指伸直叉開，直臂向前插擊，掌心朝下。目視左手。（圖 2-78）

圖 2-78

【用途】：對方用左拳直擊我胸或頭部時，我用右拳向後、向下磕掛，同時用左手二指插擊對方雙眼。（圖 2-79）

【要點】：轉身上步要活、要快，左掌指插擊要狠、要準。

圖 2-79

第四段

30.鳳凰雙展翅

左手變拳，臂外旋，向下磕砸至腹前，肘微屈，拳眼朝上；右拳先從右腰間向右至腹前後臂外旋，從左臂裡向上用拳背拋砸，拳心斜朝後上。目視右拳。（圖2-80）

圖2-80

【用途】：對方用左或右拳直擊我胸部時，我左拳向下磕掛，同時右拳從左臂裡向上反砸對方頭部。（圖2-81）

【要點】：右拳向上拋砸與左拳下磕掛要同時進行，要快速有力。

圖2-81

31. 黃鷹雙抱爪

雙腳以前掌為軸
碾地，身體向右後
轉，雙腿微屈膝。雙
拳變掌，伴隨轉身，
右掌向右、向下纏
抓，左掌同時纏抓右
腕之上。目視右掌。
（圖 2-82）

圖 2-82

【用途】：對方
從身後伸右掌抓我背
部，我轉身用小纏絲
接拿之。（圖 2-
83）。

【要點】：掌握
好接拿時機。接拿要
快、要準、要狠。

圖 2-83

32.漁翁緊抱魚

（1）雙掌從身體兩側向前、向裡（左掌右、右掌左）相抱，掌指相對，掌心均朝後。同時，右、左腳先後向前邁一步，雙腿屈膝成左跪膝步。目視前方。（圖 2-84）

圖 2-84

（2）上動不停。雙腳同時向前滑步，雙腿屈膝，雙掌屈腕成立掌，猛力向前推出。目隨雙掌。（圖 2-85）

【用途】：對方左前勢用左拳擊我頭部時，我身下蹲躲閃，同時上左步，雙掌向前抱對方左大腿，並用左肩向前靠對方胸部。對方後退躲閃時，我雙掌順勢前推對方身體。（圖 2-86、圖 2-87）

【要點】：蹲身上步前抱要疾，前推掌要猛、要有力。

圖 2-85

圖 2-86　　　　　　　　圖 2-87

33. 雄鷹急展翅

（1）左、右掌同時擺至身體左、右前方，隨即雙掌均臂外旋，向下、向前、向裡（左掌右、右掌左）、向上托撩，掌心均朝上，掌指均朝前。在雙掌托撩的同時，左腳從身後向前用腳後跟擦地搓踹後，腳離地，腳尖斜朝前上，右腿微屈膝。目視左腳。（圖 2-88）

圖 2-88

（2）上動不停。左
腳落地，腿微屈膝；右腳
同時從身後向前用腳後跟
擦地搓踹後，腳離地，腳
尖斜朝前上。雙掌均臂內
旋，擺向身體兩側，肘微
屈，掌心均向下。目視右
腳。（圖2-89）

圖2-89

【用途】：對方
用雙掌擊打我胸部時，我
雙掌向上托撩對方雙前
臂，同時用腳跟向前搓踹
對方前腳面或小腿迎面
骨。（圖2-90）

【要點】：雙掌托
撩要快速有力，腳跟搓踹
要準、要狠、要力猛，兩
個動作要同時進行。

圖2-90

34. 拗步猛橫擂

右腳震腳落地，左腳向前邁一步，左腿屈膝，右腿蹬直。與此同時，上身先向右擰轉，雙掌變拳，左拳隨擰身擺至體右前方；隨即，上身再向左擰轉，左拳向左橫擺至身體左側，右拳向前、向左猛力橫擂擊，雙臂均伸直，拳心均朝下。目視右拳。（圖2-91）

圖2-91

【用途】：對方左前勢並用左拳直擊我胸、頭部時，我左拳向左磕掛對方左前臂，同時用右拳向右擂擊對方左肋部位。（圖2-92）

【要點】：左拳磕掛要快速有力，右拳擂擊要猛、要狠。要擰身擂臂，運用全身之力。

圖2-92

35. 拐李強贈膝

雙拳變掌，左掌右擺身前，雙掌同時用力向身體右後方捋拽。隨著雙掌捋拽，右腿由身後屈膝，用膝尖向前、向上頂撞，左腿站直。目視前方。（圖 2-93）

圖 2-93

【用途】：對方右前勢並用右拳直擊我胸部時，我雙掌向右後方捋拽其右前臂，同時用右膝向前頂其襠部。（圖 2-94）

【要點】：捋拽對方前臂要快，並要抓緊，防其掙脫。撞膝要準、要狠、一擊重創對方。

圖 2-94

36. 黃龍反撩爪

右腳向前落地,雙腳以前掌為軸碾地,身體向左後轉,雙腿屈膝成右跪膝步。雙掌變爪,隨著轉身,左爪屈肘橫於頭前上方,爪心朝前;右爪向身後反爪撩擊,爪心朝上。頭右後轉,目視右爪。(圖 2-95)

圖 2-95

【用途】:對方用左拳直擊我臉部時,我左手向左抓捋對方左前臂,同時上右步身左轉用右手抓其襠部。(圖 2-96)

【用途】:轉身要急、要準,反撩爪要準、要快、要狠。

圖 2-96

37.順水擁行舟

（1）雙腳以前掌為軸碾地，身體向後轉，雙腿屈膝成左跪膝步。右手變拳，在轉身的同時臂外旋，屈肘向左、向上、向右揉擺，拳面朝上，拳心朝左；左手下落至身後，手心朝上。目隨右拳。（圖2-97）

圖2-97

（2）上動不停。左腳向前邁一步落地，屈膝，右腿蹬直，成左弓步。左手屈腕變立掌，與左腳前邁同時，順勢向前推出，臂伸直，掌指朝上，掌心朝前；右拳屈肘落於右腰間，拳心朝上。目隨左掌。（圖2-98）

圖2-98

【用途】：對方從身後用左拳擊我時，我右轉身用右前臂向右攔擋，同時上左步用左掌推擊其胸部。（圖2-99）

【要點】：轉身要快，游擺要靈活有力，上步推掌要迅猛。

圖2-99

38.臥牛狠蹬踹

（1）左掌向左、向後抄捋後變拳，屈肘收至左腰間，拳心朝上；右拳從右腰間向前直擊，拳心朝下。目視右拳。（圖2-100）

圖2-100

（2）右腳、左拳同時向前彈踢、直擊，左腳面繃緊，力在腳尖，左拳心朝下。目視前方。（圖2-101）

圖 2-101

（3）右腳、左拳同時回復原位，仍成左弓步。右拳向前直擊，拳心朝下。目視右拳。（圖2-102）

【用途】：對方用左或右拳直擊我胸部時，我左拳向左、向後抄捋，右拳同時向前直擊對方胸部。對方如後退，我即起右腳蹬踹對方襠部。（圖2-103、圖2-104）

【要點】：抄捋臂、直擊拳、蹬腳要迅猛有力。

圖 2-102

圖 2-103

圖 2-104

39. 閻王倒砸肘

　　身體右轉，右腿屈膝，左腿伸直。右臂屈肘，用肘尖向右後下方反砸擊，左拳變掌，抱推右拳上。目視右肘尖。（圖2-105）

圖 2-105

【用途】：對方在身後用左拳直擊我後腦部位時，我右轉身躲閃之，同時用右肘砸擊對方胸部。（圖2-106）。

【要點】：轉身要快、砸肘要狠、要有力。

圖 2-106

40. 猿猴靈倒撞

身體右轉，上身前伏，右腳用前腳掌向後撐步，左腿屈膝，右腿伸直，腿跟抬起。同時，右拳變掌，右掌隨右腿後撐步向後甩撩；左掌向前方伸插，右掌心朝左，左掌心朝右。頭右後轉，目視右後方。（圖2-107）

圖 2-107

【用途】：對方從我身後以右前式用右拳直擊我頭部，我頭前低躲閃的同時，右腳向後撐踹對方右腳面或小腿迎面骨。（圖2-108）

【要點】：前伏身低頭與腳後撐踹要同時進行。撐踹要準確有力。

圖2-108

41. 金剛硬趟腳

（1）右腳全腳掌著地，身體向右轉，雙腿微屈膝。雙掌隨轉身從身體兩側收至腹前，左掌心朝左，右掌心朝右，掌背相對，掌指均朝下。目視右方。（圖2-109）

圖2-109

（2）上動不停。右腿站直，左腳直腿橫腳用腳掌向右前方趟踹，腳離地，腳掌朝前，腳尖斜朝左上。在左腳趟踹的同時，右掌直臂向右前方撩擊，掌心朝前；左掌直臂向左後方撩擊，掌心朝後。上身隨之右轉。目視左腳。（圖2-110）

圖2-110

【用途】：對方從右側用右直拳擊我右肋時，我右掌向右攔掛，同時用左腳向右、向前趟踹對方小腿迎面骨。（圖2-111）

【要點】：左腳趟踹要用全身之力，要猛、要狠、要與雙掌撩擊同時進行。

圖2-111

42. 道翁揉挎肘

（1）左腳向前落地，身體右轉，雙腿微屈膝。雙掌變拳，左拳隨轉身屈肘擺至胸前，拳心朝上；右拳屈肘擺至頭右前方，拳心朝下。目視前方。（圖 2-112）

圖 2-112

（2）上動不停。用腰身帶動，右前臂外旋，向下、向左弧形揉挎至胸前，拳心朝上；左前臂同時內旋，向左、向上弧形揉滾至頭左前方，拳心朝下。目隨右拳。（圖 2-113）

圖 2-113

（3）上動不停。用腰肩帶動，左前臂外旋，向下、向右弧形揉挎至胸前，拳心朝上；右前臂同時內旋，向右、向下弧形揉滾至頭右前方。拳心朝下。目隨左拳。（圖2-114）

圖2-114

（4）重複（2）的動作。（圖2-115）
（5）重複（3）的動作。（圖2-116）

圖2-115

圖2-116

【用途】：挎是迷蹤拳「十五字訣」技法之一。挎以橫力破豎力，對方右直拳擊我胸部時，我右前臂向左挎其手腕後，右拳即向前擊對方頭部。（圖2-117）

【要點】：挎肘時，身體要柔活，左右擺動，挎肘要用揉滾之力。

圖2-117

43. 仙鶴輕亮翅

（1）身體右轉，右腳後退一步。雙拳變掌，從胸前用掌背向身體兩側揮擊至同腰高，掌心均朝下。目視右掌。（圖2-118）

圖2-118

（2）右腿站直，左腿屈膝上提身前，腳尖朝下。同時，左掌變鈎手，上抬與肩平，臂伸直，鈎尖朝下；右掌屈肘向上橫於頭上方，掌心朝上。目視前方。（圖2-119）

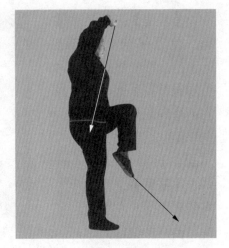

圖2-119

【用途】：揮是迷蹤拳「十五字訣」技法之一。此式中所用技法主要是揮擊。如對方從右後側用左直拳擊我頭部時，我頭前低閃之，同時用右掌背揮擊對方襠部。（圖2-120）

【要點】：揮手要快、要狠，用勁要跪。提膝亮掌要輕快。

圖2-120

第五段

44. 游龍巧戲水

（1）左腳向左前方落地，雙腿微屈膝。左鈎手變掌，下落左大腿外側，掌心朝左；右掌下落右大腿外側，掌心朝右。目視左腳。（圖 2-121）

圖 2-121

（2）右腳向左、向前、向右弧形繞步落於身體右前方，雙腿微屈膝。右掌隨腳同時向左、向前、向右弧形穿擺。目視右掌。（圖 2-122）。

圖 2-122

（3）上動不停。左腳向右、向前、向左弧形繞步落於身體左前方，雙腿微屈膝。左掌隨腳向右、向前、向左弧形穿擺。目隨左掌。（圖2-123）

圖2-123

【用途】：此勢為閃中攻擊法。對方用右直拳擊我頭部時，我頭左閃，右腳向左前方上步，用右掌插擊對方右肋部。（圖2-124）

【要點】：上步進身要快、要活，右掌插擊要狠、要有力。

圖2-124

45. 神童掃踢腿

右腳從身後向前、向左掃踢，腿伸直，腳尖朝左上，左腿屈膝。身體同時左轉，雙掌自然擺落至身體兩側。目視右腳。（圖 2-125）

圖 2-125

【用途】：對方欲用左腳彈踢我，在起腳未達之際，我後發先至，用右腳掃踢對方小腿。（圖 2-126）

【要點】：轉身要疾，掃踢要疾、要猛。

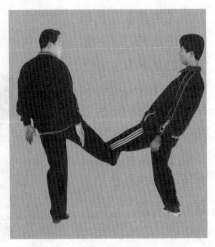

圖 2-126

46. 倒蹬紫金冠

右腳落地，右腿屈膝，身體右轉，上身前伏，左腳直腿向後蹬踹，腳尖朝下。左掌隨腿直臂向後伸插，掌心朝右；右掌直臂向前伸插，掌心朝左。頭左後轉。目視左腳。（圖 2-127）

圖 2-127

【用途】：此勢為敗中取勝之法。對方用右直拳擊我頭部時，我轉身似退，突起左腳倒踢對方襠部。（圖 2-128）

【要點】：轉身要快，蹬腿要猛、要狠、要有力。

圖 2-128

47. 青龍前探爪

左腳落地，身體向左後轉，重心前移，左腿屈膝半蹲，右腿蹬直，成左弓步。與此同時，左掌向左抄捋後屈肘收抱於左腰間，掌心朝上；右掌變爪，臂向前抓擊，爪心朝前。目視右爪。（圖2-129）

圖2-129

【用途】：對方用右直拳擊我頭部時，我左拳向左抄捋其右前臂，同時右爪向前抓其面部。（圖2-130）

【要點】：轉身前移要迅速，左掌纏捋、右爪抓擊要快、要狠。

圖2-130

48. 迎封撩陰腳

左掌從左腰間向前、向右、向上，右爪變掌向後，雙掌一齊從胸前向頭上方迎封挑架，掌心朝前。在雙掌向上挑架的同時，右腳從身後向前彈踢，腳面繃平，力達腳尖。目視右腳。（圖2-131）

圖2-131

【用途】：對方用左、右拳或雙拳擊我胸、頭部時，我雙掌向上迎封挑架，同時右腳向前彈踢其襠部。（2-132）

【要點】：雙掌挑架要有力，右腳彈踢要快、要準、要狠。兩個動作同時進行。

圖2-132

49. 蒼鷹蹬踹腿

右腳落地，身體右轉，左腿提起，左腳向左前方側踹，力在腳跟。左掌橫掌向左撐掌，掌心朝下；右掌屈肘平放右胸前，掌心朝下，目隨左腳。（圖 2-133）

圖 2-133

【用途】：對方用右直拳擊我頭部時，我後仰頭右轉身躲閃之，同時用左腳蹬踹其右胯。（圖 2-134）

【要點】：踹腿要快、要用爆發力。

圖 2-134

50. 磨腕叉盤花

（1）左腳向前落步，右腿屈膝，左腿伸直。雙掌屈肘擺至胸前掌腕交叉，左掌在上，左掌指斜朝右前；右掌指斜朝左前，掌心均朝下。目視左方。（圖2-135）

圖2-135

（2）上動不停。雙腳以前掌為軸碾地，身體向右後轉，右腳向右跨一步，左腿屈膝，右腿伸直。與右後轉身同時，雙掌先臂外旋，磨腕翻掌，使雙掌心朝上，然後臂內旋，向裡、向下磨腕翻掌，使掌心仍朝下。目視右方。（圖2-136）

圖2-136

（3）上動不停。身體右轉，右腿屈膝半蹲，左腿伸直，成右弓步，右掌直臂向前猛力平削，掌心朝下，掌指朝前；左掌屈肘平放右胸前，掌心朝下。目視右掌。（圖2-137）

圖 2-137

【用途】：對方從右側用右直拳擊我頭部時，我頭前伏右轉躲閃對方右拳的同時，右掌向前、向右削砍對方頸部。（圖2-138）

【要點】：轉身邁步要快、要活，削掌要有力，注意運用全身之力。

圖 2-138

第 六 段

51. 羅漢狠撞膝

右腿站直，左腿屈膝，用膝尖向前、向上撞擊。右掌回收至胸前後，雙掌一齊向身體左後方捋拽。目視前方。（圖2-139）

圖2-139

【用途】：對方用左或右拳直擊我胸部時，我雙掌向左後捋拽，左腿屈膝向前頂撞對方襠部或小腹部位。（圖2-140）

【要點】：雙手捋拽與撞膝要同時進行，撞膝要狠、要快速有力。

圖2-140

52. 夜叉勇探海

左腳向後落地，以雙腳前掌為軸碾地，身體向左後轉，右腳向前邁一步，右腿屈膝半蹲，左腿蹬直，成右弓步。在轉身上步的同時，右掌變鈎手，用鈎頂猛力向前撞擊，臂伸直，鈎尖朝下；左掌變拳擺至身體後方，拳心朝上。目視右鈎手。（圖 2-141）

圖 2-141

【用途】：對方用右拳直擊我胸部時，我左拳向下磕掛，同時上右步，用右鈎手擊打對方襠部。（圖 2-142）

【要點】：轉身上步要快，右鈎手撞擊要狠、要準。上步、撞擊要同時進行，上身要前探。

圖 2-142

53.刁手撩打陰

左腳從身後向前上一步，身體右轉，雙腿屈膝成馬步。隨著上步轉身，左拳從身後向左、向上撩擊，肘微屈，拳眼朝上；右鈎手變拳，擺至身體右側，拳心朝下。目視左拳。（圖2-143）

圖2-143

【用途】：對方用左直拳擊打我胸、腹部時，我右拳向下磕掛，上左步，用左拳撩打對方襠部。（圖2-144）

【要點】：上步、撩打要同時，要迅猛有力。

圖2-144

54.霸王硬挑踹

（1）身體左轉。雙拳變掌，右掌從身後向下、向前、向上挑托，左掌屈肘橫掌向下按壓，右掌心朝上，左掌心朝下。同時，右腳向前用腳跟擦地搓踹後離地，腳尖斜朝右上。目視前方。（圖2-145）

圖2-145

（2）上動不停。右腳震腳落地，左腳向前上一步，身體右轉，雙腿屈膝成馬步，雙掌變拳，左拳向左直擊，拳心朝下；右拳屈肘收抱於右腰間，拳心朝上。目視左拳。（圖2-146）

圖2-146

（3）上動不停。身體左轉，雙腿由馬步變左弓步。右拳向前直擊，拳心朝下；左拳屈肘收回至左腰間，拳心朝上。目視右拳。（圖2-147）

圖 2-147

（4）上動不停。身體右轉，雙腿由左弓步仍變馬步。左拳向左直擊，拳心朝下；右拳仍收回至右腰間，拳心朝上。目視左拳。（圖2-148）

【用途】：對方用左拳直擊我胸部時，我左手向下按壓對方左拳，右手向上挑起肘關節，同時右腳向前搓踹對方左小腿迎面骨。對方如後退，我上步連續擊打。（圖2-149、圖2-150）

圖 2-148

圖 2-149　　　　　　　圖 2-150

【要點】：挑壓臂要準確有力，搓踹要迅猛，上步連續擊拳要緊湊、快速有力。

55. 進步雙撩衣

（1）身體微左轉，雙腳墊步向左前跳，右腳落左腳處，左腳向前落步，雙腳微屈膝。雙拳變掌，左掌向後、向下，右掌向下落至右大腿前，掌指均朝下，目視左前方。（圖 2-151）

圖 2-151

（2）上動不停。身體左轉，左腿屈膝，右腿伸直。同時，雙掌向前、向上撩擊，臂伸直，掌心相對，掌指均朝前。目隨雙掌。（圖2-152）

圖2-153

（3）上動不停。緊接雙掌上撩，右腳從身後向前、向上撩踢，腳面繃直，力達腳尖。目視右腳。（圖2-153）

【用途】：對方用右拳擊打我頭部，我左拳向上撩架，右掌向前撩其襠部。對方後退時，我用右腳向前撩踢對方襠部。（圖2-154、圖2-155）

圖2-153

圖 2-154　　　　　　　　圖 2-155

【要點】：跳步要輕靈，撩掌撩踢腳速度要快，並要有力。

56. 白猿倒撩掛

右腳向前落步，身體左轉，左腳從右腳後向右插步，雙腿屈膝。雙掌變爪，隨著轉身插步，右臂內旋，向右、向上撩抓，臂伸直，爪心朝上；左爪屈肘平放右胸前，爪心朝下。目視右爪。（圖 2-156）

圖 2-156

【用途】：對方用直拳擊我胸部時，我左掌向左、向下捋纏對方左前臂，右手成爪向前抓對方臉部，左腳可同時上步。（圖2-157）

【要點】：左手捋纏要緊，要有力，防其掙脫。右爪反抓要準、要狠，抓擊的重點是對方的眼睛和口鼻。

圖2-157

57.海底撈月亮

（1）雙腳蹬地跳起，在空中身體向左翻轉270°，右腳向前落地，左腳向後落地。雙爪變掌，隨轉身至身前，隨即，雙掌向左後方領帶，上身隨之左轉。目視雙掌。（圖2-158）

圖2-158

（2）雙腳蹬地跳起，在空中身體向右後翻轉，右腳落地，左腳向左落地，右腿屈膝，左腿伸直。雙掌隨轉身擺落至身體右前方。目視左方。（圖2-159）

圖2-159

（3）身體左轉，重心前移，左腿屈膝半蹲，右腿蹬直，成左弓步。同時，左掌變鉤手，向前、向左擺至身體左側，臂伸直，鉤尖朝下；右掌向下、向前、向上撩擊，臂伸直，掌心朝上。目視右掌。（2-160）

【用途】：對方用左直拳擊打我胸部或腹部時，我可左側身，稍後仰，同時雙掌借對方前衝之力向後領帶對方左前臂，使對方前趴地上。對方用右直拳擊打我胸部時，我左手向左抄摽對方右前臂，同時

圖2-160

圖 2-161　　　　　　　　圖 2-162

用右掌撩擊對方襠部。（圖 2-161、圖 2-162）

　　【要點】：起跳要輕快，掌領帶要用內力，撩掌速度要快，要運用全身之力。

58. 仙人忙出洞

　　（1）左腿站直，右腳從身後向前彈踢，腳面繃平，力達腳尖。左鈎手變拳，與右腳前踢同時屈肘收回至左腰間後向前直擊，拳心朝下；右掌變拳，屈肘後拉右腰間，拳心朝上。目視右腳。（圖 2-163）

圖 2-163

（2）右腳落地，身體左轉，雙腿屈膝成馬步。右拳向右直擊，拳心朝下；左拳收回至左腰間，拳心朝下，目視右拳。（圖 2-164）

圖 2-164

【用途】：我先發制人，拳腳齊發擊打對方頭部和襠部。對方後退，我右腳落地，用右拳連續擊打對方。（圖 2-165）

【要點】：拳腳齊發要有力，連續擊打要緊湊。

圖 2-165

59. 黃龍靈轉身

（1）身體右轉，左腳前邁一步落地，雙腿微屈膝。隨轉身上步，雙掌右上左下、右裡左外於胸前相穿後，右掌至身右前方，左掌至身左後方。目視右掌。（2-166）

圖 2-166

（2）上動不停。雙腳以前掌為軸碾地，身體繼續向右轉 270°，右腳向右跨一步，左腳隨之與右腳靠攏併齊。雙掌隨身轉動，當雙腳併攏時，屈肘至胸前，掌心均朝上，掌指均斜朝前（左掌指朝右前，右掌指朝左前）。目視前方。（圖 2-167）

【用途】：在轉動中化解對方進攻，擊打對方。

【要點】：轉身要輕靈柔活。

圖 2-167

60. 萬法皆歸一

（1）雙掌用掌背向身體兩側猛力撣擊至同腰高，掌心朝下。目視前方。（圖 2-168）

圖 2-168

（2）雙掌臂外旋，直臂向上繞行至頭上方時，掌指相對屈肘向下經臉前至腹前，掌心朝下，掌指相對。目視前方。（圖 2-169）

【用途】：此勢中主要體現迷蹤拳撣擊之法。

【要點】：雙掌撣擊用力要足，要用脆勁。雙掌向上繞行時臂要伸直，上肢要充分舒展。

圖 2-169

收 勢

雙掌下貼於兩大腿外側。目視前方。（圖 2-170）

【要點】：要頭頂項豎，沉肩下氣，鬆靜自然，神氣內收。

圖 2-170

第三章

迷蹤五虎拳

　　迷蹤五虎拳是迷蹤拳中風格鮮明、特點突出的拳術套路，有大五虎拳、小五虎拳之分，本套拳是大五虎拳。這套拳的特點是突出表現猛虎的五種動作形象，動作威猛，快速有力，招招實用，技擊性強。技法主要有抓、撲、撩、捋及多種腿法等。

動作名稱

預備勢

第一趟

1. 猛虎出洞
2. 怒虎闖林
3. 飛虎下山
4. 惡虎拐肘
5. 猛虎掃腿
6. 猛虎撅尾（左）
7. 猛虎撅尾（右）
8. 惡虎翻身
9. 怒虎撩爪
10. 乖虎守洞

第二趟

11. 餓虎奪食
12. 猛虎推山
13. 惡虎闖群
14. 飛虎巡山
15. 怒虎發威

16. 惡虎掏心
17. 餓虎尋食（右）
18. 餓虎尋食（左）

第三趟

19. 猛虎撈食
20. 猛虎抱爪
21. 猛虎翻身
22. 餓虎攢食（左）
23. 餓虎攢食（右）
24. 惡虎剪尾
25. 餓虎抓食
26. 乖虎守山

第四趟

27. 猛虎滾身
28. 怒虎搜山
29. 惡虎跺石
30. 惡虎蹬山
31. 餓虎撲食

動作圖解

預備勢

身體面東直立，雙腳併步，腿微屈膝。兩手成掌，自然下貼放在兩大腿外側。目視前方。（圖3-1）

【用途】：預備勢為待發勢，為下一個動作做準備。

【要點】：要鬆靜自然，寧神下氣。

圖 3-1

第 一 趟

1. 猛虎出洞

（1）兩手半握拳，直臂上抬身前，拳眼均朝上。目視前方。（圖3-2）

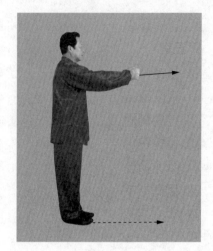

圖3-2

（2）兩手變虎爪（虎爪稱手，下同），右手用力向前抓擊，肘微屈，手心朝前，虎口朝左；左手屈肘放至左胸前，手心朝前，虎口朝右。與此同時，右腳向前邁一步落地，雙腿屈膝。目隨右手。（圖3-3）

圖3-3

【用途】：對手單拳或雙拳擊我胸、腹部時，我用雙拳向上托撩其拳後即成手，右手向前抓對手的胸部，左手護胸前。（圖3-4）

【要點】：右腳上步與右手抓擊要同時進行，上步進身要快，抓擊要有力。

圖3-4

2.怒虎闖林

（1）雙手同時向外（左手左、右手右）、向下、向裡、向上撩托，手心均朝上。左腳同時用腳跟向前擦地搓踹，腳離地，腿伸直，腳尖朝前上方。目視前方。（圖3-5）

圖3-5

（2）左腳向前落地，雙腿屈膝。與此同時，左手臂內旋，向前、向上抓擊，肘微屈，手心朝前，虎口朝右；右手臂內旋，收放至右胸前，手心朝前。目視前方。（圖3-6）

圖3-6

【用途】：對手從前方用拳擊我胸、腹部時，我用手向上托撩，同時用腳搓踹其小腿或腳面；對手如果後退閃躲，我上步進身，用左手抓其胸部或面部。（圖3-7、圖3-8）

【要點】：手托撩要快，搓腳要狠，左手抓擊要有力。

圖3-7

圖3-8

3.飛虎下山

（1）左手向上、向左、向下抓捋；右手向前、向上、向左、向下撲抓，手心均朝下。同時，右腳向前邁一步落地，身體左轉，左腿屈膝全蹲，右腿平鋪伸直成右仆步。目視右手。（圖3-9）

圖3-9

（2）身起並右轉，右腿屈膝，左腿蹬直成右弓步。兩手臂外旋，同時向前推撩，手心均朝前，虎口均朝外。目視前下方。（圖3-10）

圖3-10

【用途】：左手抓捋對手從前方擊來的左拳，右手撲抓其頭部；一擊如無效，對手後退，我用雙手向前推撩抓擊對方襠部。（圖3-11）

【要點】：上步、轉體、撲抓要一體，起身、轉身要快，推撩抓擊用力要足。

圖3-11

4.惡虎拐肘

左腳向前邁一步落地，身體右轉，雙腿屈膝半蹲成馬步。隨上步轉身，左手變拳，屈肘用肘尖向左頂擊，右手變掌，向右、向後抄捋後推抱於左拳上。目視左方。（圖3-12）

圖3-12

【用途】：對手從前方用右拳擊打我頭部時，我用右手抄挎其前臂，上步轉身用左肘頂其右胸部。（圖3-13）

【要點】：右手抄挎要有力，上步轉身要輕靈快捷，頂肘要狠，要用爆發力。

圖3-13

5.猛虎掃腿

右腳提起後震腳落左腳處，左腳同時向左邁一步，緊接著，左腿屈膝全蹲，右腿伸直，以左腳前掌為軸碾地，右腳掌接近地面，向左掃180°。兩手成虎爪，左手屈肘向上橫至頭上方，手心朝上；右手擺落至身後，手心朝後上方。目視右腳。（圖3-14）

圖3-14

【用途】：
對手用拳擊打我
頭部時，我蹲身
躲閃的同時，用
右腿掃擊對手腿
部。（圖3-15）

【要點】：
掃腿要迅猛有
力。

圖3-15

6. 猛虎撅尾（左）

身起，右腳
左移站穩，上身
前伏，左腳直腿
向後、向上撩
擊，腳面繃緊。
左手直臂向下、
向後隨腿甩撩；
右手直臂向下、
向前甩撩，手心
均朝上。目視左
腳。（圖3-16）

圖3-16

【用途】：突然起腳撩擊身後欲攻我之對手。（圖 3-17）

【要點】：撩腳要突然、疾速、力足，雙手前後甩撩要配合好，保持身體平衡。

圖 3-17

7. 猛虎撅尾（右）

左腳落地，上身前伏，右腳直腿向後撩擊，腳面繃緊。右手直臂向下、向後甩撩，左手直臂向下、向前甩撩，手心均朝上。目視右腳。（圖 3-18）

【用途及要點】：同上。

圖 3-18

8.惡虎翻身

（1）右腳落
地，右手向下、向
前擺至身前。目視
右後方。（圖3-
19）

圖3-19

（2）上動不
停。以雙腳前掌為
軸輾地，身體向右
後轉，右腿屈膝，
左腿蹬直成右弓
步。隨著轉身，右
手向上、向前、向
下蓋抓，手心朝前
下方；左手擺至左
胸前，手心朝前。
目視右手。（圖
3-20）

圖3-20

【用途】：對方從身後用左拳擊我時，我右轉身躲閃的同時，用右手蓋抓其頭部。（圖3-21）

【要點】：腳落地轉身要輕快，蓋抓要狠、要準、要力足。

圖3-21

9. 怒虎撩爪

左腳向前邁一步落地，雙腿屈膝。同時，左手臂外旋，向下、向前、向上撩抓，手心朝上；右手屈肘收至右胸前，手心朝前；隨即，右手臂外旋，向下、向前、向上抓擊，手心朝上，虎口朝右；左手臂內旋，屈肘收至左胸前，手心朝前。目視前方。（圖3-22）

圖3-22

【用途】：先發制人，用雙手突然向前連抓對手襠、腹部。（圖3-23）

【要點】：兩手撩抓要疾速、連貫，一氣呵成。

圖3-23

10. 乖虎守洞

上動不停。雙腳向前滑步，雙腿屈膝成右跪膝步。同時，左手猛力向前抓擊，肘微屈，手心朝前，虎口朝左；右手臂內旋，屈肘收至右胸前，手心朝前，虎口朝左。目隨左手。（圖3-24）

圖3-24

【用途】：可與上勢連用，我雙手連抓對手襠、腹部，其如後退，我上步進身繼續連抓其胸、臉部位。（圖 3-25）

【要點】：前滑步、進身要疾，抓擊要狠而有力。

圖 3-25

第 二 趟

11. 餓虎奪食

以兩腳前掌為軸碾地，身體向右後轉，雙腿屈膝。伴隨轉身，右手向右纏抓，手心朝下，虎口朝左；左手變掌，抓落右腕之上。目視前方。（圖 3-26）

【用途】：對手從身後用右拳擊我時，我急右轉身接拿對手擊我之拳；對手用右掌抓住我右手腕時，我用左手抓住其拇指和其餘四指，用右手向右、向上切腕纏拿之。（圖 3-27、圖 3-28）

圖 3-26

圖 3-27   圖 3-28

【要點】：轉身要疾，纏抓要猛、要狠、要巧、要有力。

12. 猛虎推山

左腳向前邁一步落地，左腿屈膝，右腿伸直成左弓步。同時，兩手成虎爪，左手向前用力推抓，手心朝前，虎口朝右；右手屈肘收至右胸前，手心朝前，虎口朝左。目視前方。（圖 3-29）

圖 3-29

【用途】：對手用左拳擊我胸、腹部時，我用右手向下磕掛，左手向前推抓對手的胸部。（圖3-30）

【要點】：左腳上步，左手前推，右手後收要同時進行，運用整體合力。

圖3-30

13. 惡虎闖群

（1）右腳向前邁一步，雙腿屈膝。右手同時向前抓擊，肘微屈，手心朝前，虎口朝左；左手屈肘收至胸前，手心朝前，虎口朝右。目視右手。（圖3-31）

圖3-31

（2）上動不停。右
手收回至右胸前而後快速
向前抓擊，手心朝前，虎
口朝左；左手直臂向前抓
擊後屈肘收回至左胸前，
手心朝前，虎口朝右。在
雙手動作的同時，右腳向
前上步，左腳向前跟步，
雙腿屈膝。目視右手。
（圖 3-32）

圖 3-32

（3）上動不停。右
手收回至右胸前而後快速
向前抓擊，手心朝前，虎
口朝左；左手直臂向前抓
擊後屈肘收回至左胸前，
虎口朝左，手心朝前。同
時，右腳向前邁一步，左
腳向前跟步，雙腿屈膝。
目視右手。（圖 3-33）

圖 3-33

【用途】：主動發打，雙手向前連續抓擊對手胸部或臉部，使其防不勝防。（圖3-34）

【要點】：雙腳上步、跟步要快，雙手連續抓擊要迅猛、連貫，一氣呵成。

圖3-34

14. 飛虎巡山

（1）左腳向前邁一步落地。左手隨之向上、向前抓擊，右手收至右胸前。目視左手。（圖3-35）

圖3-35

圖 3-36

圖 3-37

（2）右腳向前跳起，左腳蹬地跳起。在空中，右手向前抓擊，手心朝前；左手收回至左胸前，手心朝前。目視右手。（圖 3-36）

（3）右腳落地，左腳向前落地，雙腿左屈右直成左弓步。與此同時，左手用力向前抓擊，手心朝前，虎口朝右；右手屈肘收至右胸前，手心朝前，虎口朝左。目視左手。（圖 3-37）

圖 3-38

【用途】：連續並跳步追趕抓擊後退之對手的胸、臉部。（圖 3-38）

【要點】：跳步抓擊
要輕靈、敏捷、快速、有
力。

15. 怒虎發威

左手向後、向下按
壓，手心朝下；右手向
前、向上托挑，手心朝
上。同時，右腳用腳跟向
前搓踹，腳離地，腿伸
直，腳尖朝右上方。目視
前方。（圖3-39）

圖3-39

【用途】：對手用左
拳擊我胸部時，我用左手
向下按壓其拳，用右手托
挑其肘，同時用右腳搓踹
其小腿。（圖3-40）

【要點】：雙手按
挑、右腳搓踹要同時，按
挑要協調、有力，搓踹要
準、要狠。

圖3-40

16. 惡虎掏心

（1）右腳震腳落地，左腳向前邁一步，身體右轉，雙腿屈膝半蹲成馬步。在上步轉身的同時，左手向左猛力推抓，手心朝左，虎口朝前，右手收至右胸前。目視左手。（圖3-41）

圖3-41

（2）上動不停。身體左轉，左腿屈膝，右腿伸直。右手同時用力向前推抓，手心朝前，虎口朝左；左手屈肘收至左胸前，手心朝前。目視右手。（圖3-42）

圖3-42

【用途】：可與上勢連用，對手如後退，我上步進身，並用雙手連抓對方胸部。（圖3-43）

圖3-43

17. 餓虎尋食（右）

雙腳以前掌為軸碾地，身體向右後轉，雙腿屈膝。伴隨轉身，雙手同時向右抓擊，肘均微屈，手心均朝右，右手向上，虎口朝下，左手在下，虎口朝上。目視右手。（圖3-44）

圖3-44

【用途】：此為閃擊法，對手從身後用右拳擊打我頭部時，我右轉身躲閃的同時，用雙手抓其右肋部位。（圖3-45）

【要點】：轉身要疾，抓擊要有力。

圖3-45

18. 餓虎尋食（左）

左手臂內旋，右手臂外旋，兩手同時於身前向左抓擊，手心均朝左，左手在上，虎口朝下，右手在下，虎口朝上。目視左手。（圖3-46）

圖3-46

【用途】：對手從前方用左拳擊我頭部，我頭右躲上右步的同時，用雙手抓其左肋部位。（圖3-47）

【要點】：抓擊用力要足，注意運用整體之力。

圖3-47

第 三 趟

19.猛虎撈食

右腳向前上步，左腳跟步，右腿屈膝，左腿伸直。隨腳前上步，兩手分別向外（左手左、右手右）、向下、向裡、向前、向上托抓，手心均朝前上方，左手虎口朝左，右手虎口朝右。目視前方。（圖3-48）

圖3-48

【用途】：對手從前方單拳或雙拳擊我胸部時，我雙手向上、向前撩托推送將對手放出。（圖3-49）

【要點】：雙手撩托推送，要完整一體，形成合力，並與左腳上步同時進行。

圖3-49

20. 猛虎抱爪

左腳向前邁一步落地，左腿屈膝，右腿伸直。同時，兩手分別向下、向外、向前、向上、向裡抱手，肘微屈，手心向裡相對，虎口均朝上。目視前方。（圖3-50）

圖3-50

【用途】：對手用腳踢我小腹部時，我用手向下磕攔後即向前抓擊對手兩肋部位。（圖3-51）

【要點】：上步進身要快，抱手要有力，二者動作要合一。

圖 3-51

21. 猛虎翻身

（1）身體向右後翻轉，左腿膝微屈，右腿屈膝上提，腳離地，腳尖朝前。隨翻身，右手向上、向前、向下蓋抓，手心朝下，虎口朝左；左手擺至左胸前，手心朝前。目視右手。（圖3-52）

圖 3-52

（2）右腳震腳落地，兩腿屈膝相併。左手同時用力向前抓擊，手心朝前，虎口朝右；右手屈肘收至右胸前，手心朝前，虎口朝左。目視左手。（圖3-53）

圖3-53

【用途】：對手從身後用拳擊我時，我急轉身用右手向下攔擋其拳，用左手抓其面部。（圖3-54）

【要點】：轉身要疾，抓擊用力要猛。

圖3-54

22. 餓虎攫食（左）

左腳用前腳掌向後攫步，腿伸直，腳跟抬起，前腳掌著地，右腿屈膝。與此同時，左手隨腿向下、向後甩撩，右手向下、向前甩撩，手心均朝上。目視左後方。（圖3-55）

圖 3-55

【用途】：對手從身後用拳擊我頭部時，我低頭伏身閃躲的同時，用左腳向後攫踹其腳面和小腿迎面骨，並用左手撩抓其襠部。（圖3-56）

【要點】：攫步要輕快，雙手甩撩要配合好，保持身體平衡。

圖 3-56

23. 餓虎撲食（右）

右腳直腿用前腳掌向後撲步，腳跟抬起，前腳掌著地，左腿屈膝。右手隨腿直臂向下、向後甩撩；左手直臂向下、向前甩撩，手心均朝上。目視右後方。（圖 3-57）

【用途及要點】：同上。

圖 3-57

24. 惡虎剪尾

（1）右腳全腳掌著地，身體向右後轉，左腿同時向右高掃腿，腳離地，腿伸直，右腿屈膝。雙手隨轉身掃腿擺至身體兩側，目視左腳。（圖 3-58）

圖 3-58

（2）上動不停。左腳落地，身體右轉，右腳直腿向後撩踢，腳面繃緊，上身前伏。隨撩腿，右手向後、向上撩擊，左手向前、向上撩擊，手心均朝上。目視右後方。（圖3-59）

圖3-59

【用途】：這是掃擊、撩踢連擊之法。對手右前勢用右拳擊我頭部時，我低身躲閃的同時，用左腿掃其右腿，對手如右腿後退，我左腳落地，右轉身用右腳撩踢其襠部。（圖3-60）

【要點】：掃腿撩踢腳要迅猛、有力、連貫、緊湊。

圖3-60

25.餓虎抓食

右腳落地，身體右轉，左腳從右腳後向右插步，雙腿屈膝下蹲。同時，雙手一起向右前下方摁抓，手心均朝下。目視右前下方。（圖3-61）

圖3-61

【用途】：對手上步進身欲抱我腿摔我時，我用兩手用力摁抓其頭、背部位。（圖3-62）

【要點】：摁抓要有力，轉身、插步要輕快。

圖3-62

26.乖虎守山

身起，右腳向右跨一步，右腿站直，左腿屈膝上提身前，腳尖朝下，成右獨立步。右手直臂上舉至頭右前上方，手心朝左，虎口朝後；左手屈肘立至右胸前，手心朝右，虎口朝裡。目視左方。（圖3-63）

圖3-63

【用途】：此為定勢動作，為攻或守做準備。

【要點】：身體要穩健挺拔。

第 四 趟

27.猛虎滾身

（1）左腳向左落地，身體左轉，左腿屈膝，右腿伸直。左手向前、向下抓擊，手心朝下，虎口朝右。目視左手。（圖3-64）

圖3-64

（2）上動不停。右腳向前邁一步落地，雙腿屈膝。與右腳前上步同時，右手向前、向下猛力抓擊，手心朝下。左手收至左胸前。目視右手。（圖3-65）

圖3-65

（3）上動不停。身體右轉，左腳從右腳後向右插步，雙腿屈膝。右手向右後上方反撩抓，手心朝右後上方，左手擺至右胸前。目視右手。（圖3-66）

圖3-66

（4）上動不停。以雙腳前掌為軸碾地，身體向左翻轉270°，左腿屈膝，右腿伸直。隨轉身，左手向前、向下用力抓擊，手心朝下，右手擺至身體右後上方。目隨左手。（圖3-67）

圖3-67

【用途】：這是連續擊打對手的動作，用法有幾個，僅解一勢，當對手用左拳擊我胸部時，我用左手向下磕掛其前臂，上步進身用右手抓擊其頭部。（圖3-68）

【要點】：整個動作要連貫、緊湊、快速有力，一氣呵成。

圖3-68

28. 怒虎搜山

（1）右腳向前
邁一步落地，右腿屈
膝，左腿伸直，右手
向下、向前抓擊，手
心朝下；左手屈肘收
至左胸前，手心朝
前。（圖3-69）

圖3-69

（2）上動不
停。右手臂外旋，向
右前上方撩抓，手心
朝右前上方，虎口朝
右。目隨右手。（圖
3-70）

圖3-70

【用途】：對手用拳或腳擊我中、下盤時，我用右手向下磕砸後即向上撩抓其下頜部位。（圖3-71）

【要點】：右手向下抓擊轉向上撩抓要自然、連貫、迅猛有力。

圖3-71

29. 惡虎跺石

左腳向前邁一步落地，身體左轉，左腳站穩，腿微屈膝，右腳向右前下方跺踹，腿伸直，腳離地，腳尖朝前。右手向右橫撐，手心朝下；左手屈肘平放於左胸前，手心朝下。目視右腳。（圖3-72）

圖3-72

【用途】：對手用左拳擊打我頭部時，我低身躲閃的同時，用右腳跺踹其左小腿。（圖3-73）

【要點】：跺踹要狠、要猛、用力要足。

圖 3-73

30. 惡虎蹬山

身體左轉，右腳向前落地站穩，左腳直腿向後蹬踹，腳尖朝下。左手隨腿向後直伸，右手向前直伸，手心均朝上。目視左後方。（圖3-74）

圖 3-74

【用途】：對手從右方用拳擊我頭部時，我左轉身躲閃的同時，用左腳向後蹬踹其小腹部。（圖3-75）

【要點】：轉身要疾，蹬踹要狠，要有力量。

圖3-75

31. 餓虎撲食

（1）左腳落地，身體左轉。目視左方。（圖3-76）

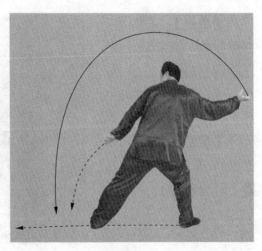

圖3-76

（2）上動不停。身體連續向左後轉，右腳向右上一步，左腿屈膝全蹲，右腿平鋪伸直成右仆步。同時，雙手向前、向下接近地面撲抓。目視右手。（圖3-77）

圖3-77

【用途】：對手左拳擊我頭、胸部時，我左手向左捋掛，上步進身，用右手撲抓對手頭部。（圖3-78）

【要點】：轉身、上步、撲抓要連成一體，緊湊有力。

圖3-78

32.猛虎觀山

身起，右腿站穩，左腿屈膝上提至身前，腳尖朝前。右手向右前上方抓擊，臂伸直，手心朝下，左手提至右上臂內側，手心朝下。目視右手。（圖3-79）

【用途】：定勢待發。

【要點】：身體站立要穩。

圖3-79

第 五 趟

33.猛虎捋抓

左腳落地，身體左轉，左腿屈膝，右腿伸直。雙手同時向前、向左、向下捋抓，手心均朝左下方，左手虎口朝右，右手虎口朝左。目視右手。（圖3-80）

圖3-80

【用途】：對手用左拳向前擊打我頭部時，我低身右腳上步躲閃的同時，雙手向左捋抓對手頭部。（圖 3-81）

【要點】：雙手捋抓用力要整，並與左腳落地、轉身同時進行。

圖 3-81

34. 飛虎躥山

上動不停。左腳站穩，右腳從身後向右前上方彈踢，力達腳尖。目視右腳。（圖 3-82）

圖 3-82

【用途】：可與上勢連用，對方如後退，我即用腳向前彈踢對手胸、腹部。（圖3-83）

【要點】：彈踢速度要快，用力要足，並要迅踢快收，以備再戰。

圖3-84

35. 猛虎轉頭

（1）右腳落地，左腳向前邁一步，雙腿微屈膝。隨左腳上步，兩手同時向前、向下抓擊，手心均朝下。目隨雙手。（圖3-84）

圖3-84

（2）上動不停。身體右轉，右腳從左腳後向左插步，雙腿屈膝。同時，兩手一起向右、向上、向左、向下畫圓抓擊，手心均朝下。目視左手。（圖 3-85）

圖 3-85

【用途】：對手用右拳擊打我胸部時，我用右手向下捋抓其前臂，上步進身用左手抓其面部（圖3-86）。對手如向後退步，我繼續上步連擊。

【要點】：上步、轉身、插步、抓擊動作要連貫，勁力要合一。

圖 3-86

36. 猛虎按爪

（1）以雙腳前掌為軸碾地，身體向右後轉，雙腿微屈膝。隨轉身，雙手向右前方抓擊後，一起經身前向左前方揉按爪，手心朝下，虎口相對。右腳同時向左趟撩，腿屈膝，腳離地，腳掌朝左。目隨手行。（圖 3-87）

圖 3-87

（2）上動不停。雙手一起經身前向右前方揉按，手心均朝下，虎口相對。同時，右腳向右落地，左腳向右趟撩，腿屈膝，腳離地，腳掌朝右。目隨手行。（圖 3-88）

圖 3-88

（3）上動不停。雙手一起經身前向左前方揉按，手心均朝下，虎口相對。左腳向左落地，右腳同時向左趟撩，腿屈膝，腳離地，腳掌朝左。目隨雙手。（圖3-89）

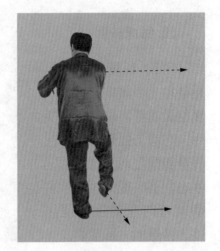

圖3-89

【用途】：對手用左拳擊打我頭部時，我用借力打力之法，雙手抄抓對手左臂向左後下方按捋，並用右手迎抓對手面部。（圖3-90）

【要點】：按手時要以身帶臂，全身協調，柔活力整。

圖3-90

37.餓虎搶食

（1）右腳向右落地，身體右轉。右手向前、向右抓捋。左腳向前邁一步落地。左手向前猛力抓擊，手心朝前；右手擺至右胸前。左腿屈膝，右腿伸直。目視左手。（圖3-91）

圖3-91

（2）左手向左抓捋後擺至左胸前；右手用力向前抓擊，臂伸直，手心朝前，虎口朝左。同時，右腳向前邁一步落地，右腿屈膝，左腿伸直。目視右手。（圖3-92）

圖3-92

（3）右手向右抓捋後擺至右胸前，手心朝前；左手用力向前抓擊，臂伸直，手心朝前。左腳同時向前邁一步，左腿屈膝，右腿伸直。目視左手。（圖3-93）

圖3-93

【用途】：對手用左拳擊我頭部時，我用右手向右抓捋其前臂，用左手向前抓擊其面部（圖3-94）。對手如後退，可連抓之。

【要點】：上步、抓擊併行，三連抓要快速、連貫、緊湊、環環緊扣，一氣呵成。

圖3-94

38. 猛虎探爪

　　左腿站直，右腳前滑半步，腿伸直，腳跟抬起，上身前傾。同時，右手直臂向頭前上方探抓，手心朝前，虎口朝左；左手直臂向下、向後繞行至身後。目視右手。（圖3-95）

圖3-95

　　【用途】：對手用右拳擊打我腹部時，我用左手向下磕掛其前臂，用右手向前探抓其頭頂部位。（圖3-96）

　　【要點】：起身、前滑步、探抓要同時完成，勢統力整。

圖3-96

39. 猛虎回頭

雙腳以前掌為軸碾地，身體向右後轉，右腿屈膝，左腿伸直成右弓步。與此同時，右手直臂向下、向右繞行至身前屈肘向上橫於頭上方，手心朝上；左手直臂向上、向下繞行身後變屈肘從身體左側向前猛力直抓，手心朝前。目視左手。（圖3-97）

圖3-97

【用途】：對手從身後用拳擊打我頭部時，我急右轉身用右臂向上迎架對手前臂，用左手向前抓其胸部。（圖3-98）

【要點】：轉身要疾，迎架臂要快、抓擊要有力，並要三動一體。

圖3-98

第 六 趟

40. 怒虎揚威（左）

左手向左、右手向右、向下落至右前方後，兩手一起向下、向裡、向上托撩，肘微屈，手心均朝上，虎口均朝外。同時，左腳由身後向前彈踢，腳面繃平，力達腳尖。目視前方。（圖3-99）

圖3-99

【用途】：對手用雙拳（掌）擊我胸部時，我用雙手向上托撩，同時用左腳彈踢對方襠部。（圖3-100）

【要點】：雙手托撩要快速，彈踢要迅猛，兩個動作要同時進行。

圖3-100

41. 怒虎揚威（右）

左腳落地並站穩，右腳從身後向前彈踢，腳背繃平，力達腳尖。與右腳彈踢同時，兩手分別向外、向下、向裡、向上托撩，手心均朝上。目視前方。（圖3-101）

【用途及要點】：同上。

圖3-101

42. 惡虎攔路

右腳震腳落地，左腳向前邁一步落地，左腿屈膝，右腿伸直。兩手同時直臂伸向身體前後，手心均朝右，虎口均朝上。目視前方。（圖3-102）

【用法】：前後兩名對手欲擊我時，我主動發打，用兩手快速分別抓擊前後對手的胸部。

【要點】：右腳震腳要用力，左腳上步要疾，兩手伸插要迅猛，整個動作要一體、力整。

圖3-102

43. 惡虎闖山

（1）右手向上、向前、向下落於身前，兩手一起向下砸擊後分別向外、向前、向上、向裡抱手，虎口均朝上，手心相對。兩腳同時前滑步，左腿屈膝，右腿伸直。目視前方。（圖3-103）

圖3-103

（2）上動不停。右腳向前邁一步落地，右腿屈膝，左腿伸直。同時，兩手一起臂外旋，向下、向裡、向上托撩，手心均朝上，虎口均朝外。目視右手。（圖3-104）

圖3-104

【用途】：對手用腳踢我小腹時，我用雙手或單手向下磕掛後即上步進身，用兩手抓其頭兩側（圖3-105）。對手如後退，我用兩手撩抓其腹、胸部。

【要點】：前滑步、上步、抱爪、撩爪，要快速、連貫、緊湊，整個動作合成一體。

圖 3-105

44. 猛虎撞膝

右腿站穩，左腿屈膝用膝尖向上、向前頂撞，腳尖朝下。兩手同時向左後方抓捋。目視前方。（圖3-106）

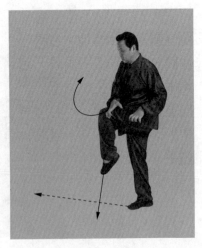

圖 3-106

【用途】：對手用左拳擊我頭、胸部時，我用雙手向左後方捋其前臂，用左膝頂其小腹部。（圖3-107）

【要點】：頂膝要狠，並與抓捋同時進行。

圖 3-107

45.猛虎鎮山

左腳震腳落地，右腳向前上一步，身體左轉，雙腿屈膝成馬步。在上步轉身的同時，右手向右、屈肘向上橫於頭上方，手心朝上；左手放至左大腿上，手心朝左。目視左方。（圖3-108）

【用途】：定勢待發。

【要點】：兩腿成馬步、右手亮爪、左擺頭要同時完成。

圖 3-108

46. 乖虎獻寶

身體左轉，左腳向後退一步，雙腿屈膝盤坐。兩手屈肘亮爪至身前，手心均朝上。虎口均朝外。目視右手。（圖3-109）

【要點】：退步、蹲步、亮爪要輕靈。

圖 3-109

收　勢

身體站起，右腳後退步併攏左腳，兩手成掌，貼放至兩大腿外側。目視前方。（圖3-110）

【用途及要點】：同預備勢。

圖 3-110

第四章

迷蹤拳實戰技法基本功夫習練法——拳法、肘法、腿法連擊動作練習

迷蹤拳是以技擊實戰著稱於世的。迷蹤拳的實戰技法，平時練習時，除了蘊涵拳術套路之中，招招勢勢具有攻防含義之外，還有一套比較完整的基本功夫習練法，單人空擊練習是其中之一。在單人空擊練習中，拳法、肘法、腿法的練習是主要的內容。

關於拳法、肘法、腿法單個動作的練習已編入本系列叢書第三冊中。在此把拳法、肘法、腿法中一些實用性很強的連擊動作的練習方法整理出版，以饗讀者。

練習內容

一、拳法連擊動作練習
二、肘法連擊動作練習
三、腿法連擊動作練習
四、手腳併用動作練習

動作圖解

一、拳法連擊動作練習

（一）單拳連擊動作練習

單拳連擊動作練習，有活步和定步兩種方法，這裡僅介紹活步練習法。定步練習的動作同活步，只是採用左右前勢原地練習即可。

圖 4-1

圖 4-2

1. 直拳、橫拳連擊

（1）身體成左前勢
站立。目視前方。（圖
4-1）

（2）右腳向前邁一
步落地，右腿屈膝，左腿
伸直。同時，右拳向前直
擊，肘微屈，拳眼朝上；
左拳屈肘收至左腰間。目
視前方。（圖 4-2）

（3）緊接不停。右

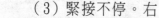

圖 4-3

拳臂外旋，向左橫擊，肘微屈，拳心朝上，拳面朝左前
方。目隨拳行。（圖 4-3）

（4）左腳向前邁一步落地，左腿屈膝，右腿伸直。同時，左拳向前直擊，肘微屈，拳眼朝上；右拳屈肘收至右腰間。目視前方。（圖4-4）

圖4-4

（5）上動不停。左拳臂外旋，向右橫打，肘微屈，拳心朝上，拳面朝右前方。目隨左拳。（圖4-5）

　右、左拳反覆練習。還可採用直拳擊出後臂內旋向外橫打的方法練習。

　【用途】：這一動作，練習直拳變橫拳連擊。直拳擊打對手頭部，對手頭左或右躲閃時即變橫拳橫打對手頭部。

　【要點】：上步、直擊拳同時進行，直拳轉變橫拳要連貫，並要快速有力。

圖4-5

圖 4-6

圖 4-7

2. 擺拳、劈拳連擊

（1）身體成左前勢站
立。目視前方。（圖4-6）

（2）右腳向前邁一步
落地，右腿屈膝，左腿伸
直。與此同時，右拳臂外
旋，向上、向前擺打，肘
微屈，拳心朝後上方，拳
面朝前；左拳收至左腰
間。目隨右拳。（圖4-7）

圖 4-8

（3）緊接不停。右拳
臂內旋，用拳輪向前、向下劈砸，臂伸直，拳眼朝下，拳
心朝左。雙腳同時向前滑步。目隨右拳。（圖4-8）

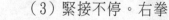

（4）左腳向前邁一步落地，左腿屈膝，右腿伸直。左拳臂外旋，用拳面向上、向前攉擊，拳心朝後上方；右拳屈肘收至右腰間。目視左拳。（圖4-9）

圖4-9

（5）緊接不停。左拳臂內旋，用拳輪向前、向下劈砸，臂伸直，拳眼朝上。雙腳同時向前滑步。目隨左拳。（圖4-10）

反覆上步習練。

【用途】：此動作練習攉拳變劈拳的連擊。用攉拳擊打對手下頜部位，對手後仰頭躲閃時，即可轉劈拳砸其頭部。

【要點】：攉拳、上步，攉拳轉劈拳、前滑步，要連貫、緊湊，不可脫節，注意運用身體整體勁力。

圖4-10

3.橫拳、拋拳連擊

（1）身體成左前勢站立。目視前方。（圖4-11）

圖 4-11

（2）右腳向前邁一步落地，右腿屈膝，左腿伸直。與右腳向前邁步同時，右拳向右、向前、向左橫打，肘微屈，拳眼朝左後方；左拳屈肘收至左腰間。目隨右拳。（圖4-12）

圖 4-12

（3）緊接不停。右
拳臂外旋，用拳眼向右前
上方拋擊，臂伸直，拳心
朝後上方，拳眼朝右。目
視右拳。（圖4-13）

圖4-13

（4）左腳向前邁一
步落地，左腿屈膝，右腿
伸直。左拳隨左腳向前上
步向左、向前、向右橫
擊，肘微屈，拳心朝下，
拳眼朝右後方；右拳屈肘
收至右腰間。目隨左拳。
（圖4-14）

圖4-14

（5）上動不停。左拳臂外旋，向左前上方拋擊，臂伸直，拳心朝後上方，拳眼朝左。目視左拳。（圖4-15）

雙拳反覆習練。

【用途】：這是練習橫拳轉拋拳的動作。先發制人，用拳橫打對手頭部，對手如後仰頭躲閃，即轉拋拳擊打其右腦部位；後發制人，用拳橫掛對手攻來拳掌後即反拳拋擊其頭部。

【要點】：橫拳轉拋拳的發力要由身帶動，上步進身與擊拳要緊密配合，動作一致，不可分離。

圖4-15

4. 劈拳、攉拳連擊

（1）身體成左前勢站立。目視前方。（圖4-16）。

圖4-16

（2）右腳向前邁一步落地，右腿屈膝，左腿伸直。伴隨上步，右拳向上、向前、向下劈砸，拳眼朝上，肘微屈；左拳屈肘收至左腰間。目隨右拳。（圖4-17）

圖4-17

（3）緊接不停。右拳臂外旋，向上、向前擺擊，肘微屈，拳面朝前，拳心朝後上方。雙腳同時向前滑步。目隨右拳。（圖4-18）

圖4-18

（4）左腳向前邁一步落地，左腿屈膝，右腿伸直。同時，左拳向上、向前、向下劈砸，肘微屈，拳眼朝上；右拳屈肘收至右腰間。目隨左拳。（圖4-19）

（5）緊接不停。左拳下劈後即臂外旋，向上、向前擢打，肘微屈，拳面朝前，拳心朝後上方。雙腳同時向前滑步。目隨左拳。（圖4-20）

圖4-19

反覆習練。

【用途】：此為練習劈拳轉擢拳的動作。主動發打時，用拳劈砸對方頭部，對手如後退躲閃，即轉擢拳向上、向前擊打對手下頜部位；後發擊打時，用拳向下砸磕對手攻來拳掌後即轉擢拳向上、向前擢打對手臉部。

【要點】：上步、前滑步、劈擢拳要協調一體，動作敏捷，用力要足，運用全動作的整體合力。

圖4-20

（二）雙拳連擊動作練習

雙拳連擊動作也有定步和活步兩種習練方法，但以定步為主。在此，除雙掌推掌動作外，均介紹定步練習方法。

1. 左右直拳連擊

（1）身體成左前勢站立。目視前方。（圖4-21）

圖 4-21

（2）左拳用力向前直擊，肘微屈，拳面朝前，拳眼朝上；右拳屈肘收至右腰間，拳眼朝上。目視前方。（圖4-22）

圖 4-22

（3）緊接不停。右拳向前用力直擊，拳面朝前，拳眼朝上，肘微屈；左拳屈肘收回左腰間，拳眼朝上。目視前方。（圖4-23）

雙拳反覆直擊練習。右前勢亦同。

【用途】：這是習練雙拳快速連續直擊。雙拳快速連擊對手，使其防不勝防。

圖 4-23

2. 左右橫拳連擊

（1）身體成左前勢站立。目視前方。（圖4-24）

圖 4-24

（2）左拳向左、向前、向右弧形撞擊，肘微屈，拳心朝下，拳眼朝右後方；右拳向後拉至右腰間，拳心朝下。目隨左拳。（圖4-25）

圖4-25

（3）緊接不停。右拳向右、向前、向左弧形橫打，肘微屈，拳心朝下，拳眼朝左後方；左拳向後收至左腰間，拳心朝下。目隨右拳。（圖4-26）

雙拳反覆進行橫擊練習。右前勢亦同。

【用途】：這一動作，習練雙拳快速連續橫擊。雙拳快速連續橫擊對手頭部或腰部。

圖4-26

3. 左右擺拳連擊

（1）身體成左前勢站立。目視前方。（圖4-27）

圖 4-27

（2）左拳臂外旋，向上、向前擺擊，肘微屈，拳面朝前，拳心朝後上方；右拳屈肘收至右腰間，拳心朝上。目隨左拳。（圖4-28）

圖 4-28

（3）緊接不停。右拳向上、向前用力擺擊，肘微屈，拳面朝前，拳心朝後上方；左拳屈肘收至左腰間，拳心朝上。目隨右拳。（圖4-29）

雙拳反覆進行擺擊練習。右前勢亦同。

【用途】：此動作，練習雙拳連續擺擊。雙拳連續快速擺擊對手胸部或下頜部位。

【要點】：以上直、橫、擺拳的練習，是拳法中最基本的動作。習練時共同掌握的要點是速度不斷加快，力量不斷加大，注意雙拳前擊、後收及全身主要部位的協調配合，用全身的整體力量。

圖4-29

4.雙拳直拳、橫拳連擊

（1）身體成左前勢站立。目視前方。（圖4-30）

圖4-30

（2）左拳向前直擊
後屈肘收回到左腰間；右
拳緊接向前直擊，肘微
屈，拳眼朝上。目視前
方。（圖4-31）

圖4-31

（3）緊接不停。左
拳向左、向前、向右橫
擊，拳心朝下，拳眼朝
左；右拳屈肘收至右腰
間。目隨左拳。（圖4-
32）

圖4-32

（4）緊接不停。右
拳向右、向前、向左橫
擊，肘微屈，拳心朝下，
拳眼朝左；左拳屈肘收至
左腰間。目隨右拳。（圖
4-33）

反覆直擊、橫擊連擊
練習。右前勢亦同。

【用途】：這是練習
雙拳直擊、橫擊連擊的動
作。運用直拳、橫拳連擊
之法擊打對手的頭部和胸部。

圖4-33

5.雙拳直拳、擺拳連擊

（1）身體成左前勢
站立。目視前方。（圖
4-34）

圖4-34

（2）左拳向前直擊
後屈肘收至左腰間，拳眼
朝上；右拳緊接向前直
擊，肘微屈，拳眼朝上。
目視前方。（圖4-35）。

圖4-35

（3）緊接不停。左
拳臂外旋，向上、向前擺
擊，肘微屈，拳面朝前，
拳眼朝左；右拳屈肘收至
右腰間，拳眼朝上。目視
前方。（圖4-36）

圖4-36

（4）緊接不停。右拳臂外旋，向上、向前擺擊，肘微屈，拳眼朝右，拳面朝前；左拳屈肘收至左腰間。目視前方。（圖4-37）

圖4-37

雙拳反覆直擊、擺擊練習。右前勢亦同。

【用途】：這一動作，練習的是雙拳連續直擊和擺擊。用直拳、擺拳連續擊打對手的胸部和頭部。

6.雙拳直拳、橫拳、擺拳連擊

（1）身體成左前勢站立。目視前方。（圖4-38）

圖4-38

（2）左拳向前直擊後屈肘收至左腰間；右拳向前直擊，肘微屈，拳眼朝上。目視前方。（圖4-39）

圖4-39

（3）緊接不停。左拳向左、向前、向右橫擊，右拳屈肘收至右腰間；左拳快速收至左腰間，右拳同時向右、向前、向左橫擊，拳心朝下，拳眼朝左。目視前方。（圖4-40）

（4）緊接不停。左拳臂外旋，向上、向前擺擊；右拳屈肘收至右腰間；左拳快速收至左腰間；右拳臂外旋，向上、向前擺擊，肘微

圖4-40

屈，拳面朝上，拳眼朝右。目視前方（圖4-41）。

圖4-41

雙拳反覆進行直、橫、擺拳連擊練習。右前勢亦同。

【用途】：此動作進行的是雙手直、橫、擺拳的連擊練習。雙拳用直擊、橫擊、擺擊三種拳法連擊對手的胸部、頭部等部位。4、5、6三個動作，練習的是雙拳用直拳、橫拳，直拳、擺拳，直拳、橫拳、擺拳連續擊打。

【要點】：三種拳的轉換要自然、連貫、緊湊，全身要協調，做到拳拳出拳疾，勁力足。

7. 雙掌直推練習

（1）身體成左前勢站立，雙掌屈腕成立掌貼放身前，掌指朝上。目視前方。（圖4-42）

圖4-42

（2）右腳向前邁一步落地，右腿屈膝，左腿伸直。同時，雙掌用力向前推掌，掌心朝前，掌指朝上，肘微屈。目視前方（圖4-43）。

圖4-43

（3）左腳向前邁一步落地，左腿屈膝，右腿伸直。雙掌收至身前後用力向前直推，肘微屈，掌指朝上。目視前方（圖4-44）。

反覆上步習練。

【用途】：這一動作練習的是雙掌發力推擊。雙掌發力推擊對手，將對方放出。

【要點】：推掌發力與上步要同時進行，用全身的整體勁力。

圖4-44

二、肘法連擊動作練習

肘法動作練習，有活步和定步兩種方法。在此只介紹活步習練法。

1. 砸肘、挑肘連擊

（1）身體成左前勢站立。目視前方。（圖4-45）

圖4-45

（2）右腳向前邁一步落地，雙腿屈膝。右臂屈肘，用肘尖向下砸擊，上身前伏；左臂屈肘收至左腰間。目視前下方。（圖4-46）

圖4-46

（3）緊接不停。用
右肘尖向上挑擊。右腿屈
膝，左腿伸直。目視右
肘。（圖4-47）

圖4-47

（4）左腳向前邁一
步落地，雙腿屈膝，同
時，用左肘尖向上、向
前、向下砸擊，上身前
伏；右肘向下收至右腰
間。目視前下方。（圖
4-48）

圖4-48

（5）緊接不停。左肘尖猛力向上挑擊。左腿屈膝，右腿伸直。目視左肘。（圖4-49）

反覆習練。

【用途】：這是練習砸肘、挑肘的連擊動作。用砸肘、挑肘連擊對手的胸、頭部位。

【要點】：上步進身要快，砸肘轉挑肘要緊湊、要狠、要猛、要有力。

圖4-49

2. 頂肘、搗肘連擊

（1）身體成左前勢站立。目視前方。（圖4-50）

圖4-50

（2）右腳向前邁一步，右腿屈膝，左腿伸直。右臂屈肘，用肘尖向前頂擊，肘尖朝前；左臂屈肘收至左腰間。目視前方。（圖4-51）

圖4-51

（3）緊接不停。用右肘尖向右搗擊，右前臂持平，拳心朝下。目隨右肘尖。（圖4-52）

圖4-52

（4）左腳向前邁一
步落地，左腿屈膝，右
腿伸直。同時，用左肘
尖向前頂擊，肘尖朝
前；右肘收至右腰間。
目視前方。（圖4-53）

圖4-53

（5）緊接不停。左
肘向左搗擊，前臂放平，
拳心朝下。目隨左肘尖。
（圖4-54）

　　反覆頂、搗習練。

　　【用途】：此是練習
雙肘頂肘、搗肘連擊的動
作。用頂肘、搗肘連擊對
手的胸部、肋部。

　　【要點】：頂肘、搗
肘要狠、要快、要用爆發
力。上步、進身、頂肘、
搗肘要協調，周身一體。

圖4-54

3. 左右掃肘連擊

（1）身體成左前勢站立。目視前方。（圖4-55）

圖 4-55

（2）右腳向前邁一步落地，右腿屈膝，左腿伸直。同時，右臂屈肘，用肘尖向前、向左掃擊，前臂放平，拳心朝下，前臂外側前後成直線；左臂向後收至左腰間，上身隨之左轉。目隨右肘尖。（圖4-56）

圖 4-56

（3）緊接不停。右
肘尖快速向右掃擊，前臂
平放，拳心朝下，前外側
左右成直線。上身隨之右
轉。目隨肘尖。（圖4-
57）

圖4-57

（4）左腳向前邁一
步落地，左腿屈膝，右腿
伸直。隨腳上步，用左肘
尖向前、向右掃擊，前臂
放平，拳心朝下，前臂外
側前後成直線；右肘收至
右腰間。上身隨之右轉。
目隨肘尖。（圖4-58）

圖4-58

（5）緊接不停。用左肘尖向左掃擊，前臂平放，拳心朝下，前臂外側左右成直線。上身隨之左轉。目隨肘尖。（圖4-59）

雙肘反覆掃擊習練。

【用途】：此動作是雙肘左右（左、右、右、左）掃肘的連擊練習。用肘連續掃擊對手的頭部或肋部。

【要點】：以身催肘，肘胯相合，全身協調，整力一體。

圖4-59

4.頂肘砸拳連擊

（1）身體成左前勢站立。目視前方。（圖4-60）

圖4-60

（2）右腳向前邁一步落地，右腿屈膝，左腿伸直。同時，右臂屈肘，用肘尖向前頂擊，肘尖朝前；左臂屈肘收至左腰間。目視前方。（圖4-61）

圖4-61

（3）緊接不停。右臂伸肘，用拳背向前砸擊，臂伸直，拳心朝後上方。目隨右拳。（圖4-62）

圖4-62

（4）左腳向前邁一步落地，左腿屈膝，右腿伸直。左肘用肘尖同時向前頂擊；右臂屈肘收至右腰間。目視前方。（圖4-63）

圖4-63

（5）緊接不停。左臂伸肘，用拳背向前砸擊，臂伸直，拳心朝後上方。目隨左拳。（圖4-64）

反覆習練。

【用途】：這個動作練習肘的頂擊變拳的砸擊。肘拳並用，連擊對手胸部和頭部。

【要點】：上步、頂肘同時進行，頂肘要狠、砸拳要快，二者要連貫一體，不可脫節。

圖4-64

三、腿法連擊動作練習

腿法連擊練習，以活步為主。在這裡，也只介紹活步練習方法。

1. 搓踹、踩踹連擊

（1）身體成左前勢站立。目視前方。（圖4-65）

圖4-65

（2）左腿站穩，右腳直腿向前搓踹，腳離地，腳掌朝前，腳尖朝右上方。雙拳屈肘收至兩腰間。目隨右腳。（圖4-66）

圖4-66

（3）緊接不停。身
體左轉，左腳站穩，右腳
向右跺踹，腿伸直，腳掌
朝右下方，腳尖朝前。目
隨右腳。（圖4-7）

圖4-67

（4）右腳落地，身
體右轉，左腳向前搓踹，
腳離地，腳掌朝前，腳尖
朝左上方。目隨左腳。
（圖4-68）

圖4-68

（5）緊接不停。身體右轉，右腳站穩，左腳快速向左跺踹，腿伸直，腳掌朝左下方，腳尖朝前。目隨左腳。（圖4-69）

反覆習練。

【用途】：這一連擊動作，練習的是搓踹轉換跺踹。連續搓踹、跺踹對手的腿部。

【要點】：搓踹轉跺踹要以身帶腿，連貫緊湊，用力要足。

圖4-69

2. 勾踢、撩踢連擊

（1）身體成左前勢站立。目視前方。（圖4-70）

圖4-70

（2）左腿站穩，右腳向前、向左勾踢，身體同時左轉，腳離地，腿伸直，腳尖朝前。雙拳擺在身體兩側。目視右方。（圖4-71）

圖4-71

（3）緊接不停。右腳落地，身體左轉，左腳直腿向右撩踢。雙拳變掌，左掌隨腿向後甩撩，右掌向前甩撩。目視左腳。（圖4-72）

左腳落地，身體左轉，重複練習上述動作。並要左、右勢轉換反覆練習。

【用途】：這是練習勾踢、撩踢連擊的動作。用勾踢、撩踢連擊對手的腿部。

【要點】：勾踢、撩踢要快速有力，注意全身的配合，保持身體平衡。

圖4-72

3.跺踹、蹬踹連擊

（1）身體成左前勢站立。目視前方。（圖4-73）

圖4-73

（2）身體左轉，左腿站穩，右腿提起，右腳向左跺踹，腿伸直，腳掌朝右下方，腳尖朝前。雙拳擺在身體兩側。目視右方。（圖4-74）

圖4-74

（3）緊接不停。右腳落地，身體左轉，右腿站穩，左腿提起，左腳向後蹬踹，腿伸直，腳尖朝下。左拳隨腿向後直擊，右拳向前直擊。目視左腳。（圖4-75）

圖4-75

左腳落地，身體左後轉重複練習上述動作。並要左右勢轉換反覆習練。

【用途】：這個動作練習的是跺踹和蹬踹的連擊。用跺踹和蹬踹連擊對手的下盤。

【要點】：轉身要急，跺踹要快，蹬踹要狠，注意全身的協調平衡。

4.撞膝、彈踢連擊

（1）身體成左前勢站立。目視前方。（圖4-76）

圖4-76

（2）左腳站穩，右腿屈膝上提，用膝向前、向上撞擊。雙拳擺至身體兩側。目視前方。（圖4-77）

圖4-77

（3）緊接不停。右腿伸膝，用腳向前彈踢，腳面繃緊，力達腳尖。目視前方。（圖4-78）

圖4-78

（4）右腳落地，左腿屈膝上提，用膝向上、向前頂撞。目視前方。（圖4-79）

圖4-79

（5）緊接不停。左腿伸膝，用腳尖向前彈踢，腳面繃緊，力達腳尖。目視前方。（圖4-80）

反覆習練。

【用途】：這是練習撞膝、彈踢的連擊動作。膝腳並用，連擊對手的腹部和襠部。

【要點】：提膝撞擊要猛、要狠，彈踢要有力，二者要緊湊、自然。

圖4-80

四、手腳併用動作練習

手腳併用、上下結合是迷蹤拳實戰技法的主要特點之一，習練方法也比較多，其中有定步，也有活步。在此僅介紹幾勢活步練習方法。

1.迎封彈踢

（1）身體成左前勢站立。目視前方。（圖4-81）

圖4-81

（2）左腳站穩。雙前臂同時向頭前上迎封，右腳從後猛力向前彈踢。目視前方。（圖4-82）

圖4-82

（3）右腳落地。雙拳下落胸前後向上迎封至頭前上方。左腳從身後向前彈踢。目視前方。（圖4-83）

反覆習練。還可用單臂迎封彈踢的方法練習。

【用途】：這是習練臂迎封腳彈踢手腳並用的動作。用雙拳向上迎擋對手攻來拳掌，同時用腳向前彈踢對方的襠部或小腹部。

【要點】：迎封、彈踢要同時進行，速度要快，用力要狠。

圖 4-83

2. 纏捋蹬踹

（1）身體成左前勢站立。目視前方。（圖4-84）

圖 4-84

（2）雙拳變掌，一起向上、向外（左手左、右手右）、向下纏捋。右腳同時從身後向前蹬踹，腳尖朝上，力在腳跟。目視前方。（圖4-85）

圖4-85

（3）右腳落地。雙掌一起向裡、向上、向外、向下纏捋。左腳從身後向前蹬踹，腳尖朝上，力在腳跟。目視前方。（圖4-86）

反覆纏蹬習練。還可用單掌纏捋蹬踹的方法練習。

【用途】：這個動作練習的是掌纏捋和腳蹬踹的並用。用掌纏捋對手攻來之拳掌，用腳蹬踹對手的襠部或腹部。

【要點】：手腳合一，連隨一體。動作迅猛，勁力實足。

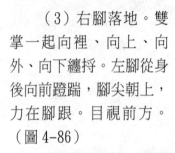

圖4-86

3.托壓臂搓踹

（1）身體成左前勢站立。目視前方。（圖4-87）

圖 4-87

（2）雙拳變掌，左掌向後、向下按壓，掌心朝下；右掌向上托挑，掌心朝上。與此同時，右腳從身後向前搓踹，腿伸直，腳離地，腳尖朝右上方。目視前方。（圖4-88）

圖 4-88

（3）右腳落地，左腳向前搓踹，腳離地，腿伸直，腳尖朝左上方。同時，右掌向後、向下按壓；左掌向前、向上托挑；右掌心朝下，左掌心朝上。目視前方。（圖4-89）

反覆習練。

【用途】：這是練習掌按托腳搓踹的並用動作。雙掌托按臂，腳搓踹小腿。

【要點】：按托臂搓踹腿要同時，全身要協調，勁力要合一。

圖4-89

4.捋臂跺腳

（1）身體成左前勢站立。目視前方。（圖4-90）

圖4-90

（2）雙拳成掌，一起向上、向左、向下抄挤。同時，身體左轉，左腿站穩，右腿提起，右腳向右跺踹，腳掌朝右下方，腳尖朝前。目視右方。（圖4-91）

圖4-91

（3）右腳落地，身體向右後轉，左腿提起，左腳向左下方跺踹，腿伸直，腳掌朝左下方，腳尖朝前。同時，雙掌一起向上、向右、向下抄挤至胸前。目視左方。（圖4-92）

反覆習練。

【用途】：這是練習掌挤腳跺的並用動作。掌抄挤對方攻來的拳掌，腳跺踹對手的腿部。

【要點】：抄挤要快，轉身要急，跺腳要有力，三個動作要同時進行。

圖4-92

5. 抱臂頂膝

（1）身體成左前勢
站立。目視前方。（圖
4-93）

圖 4-93

（2）雙拳變掌，分
別向外、向前、向裡、向
後相抱於胸前。同時，右
腿屈膝，用膝尖向上、向
前頂擊，腳尖朝下，目視
前方。（圖 4-94）

圖 4-94

（3）右腳落地，左腿屈膝，用膝尖向上、向前頂擊，腳尖朝下。雙掌同時向外、向前、向裡、向後相抱於胸前。目視前方。（圖4-95）

反覆習練。

【用途】：這是抱臂頂膝的並用動作。用臂抱對手脖頸，用膝頂擊對手腹部。

【要點】：臂抱膝頂，全身協隨，勁力合一。

圖4-95

6. 拳擊腳踢

（1）身體成左前勢站立。目視前方。（圖4-96）

圖4-96

（2）左拳向前直擊，拳眼朝上，肘微屈，右拳屈肘收至右腰間。左腿屈膝，右腿伸直。目視前方。（圖4-97）

圖4-97

（3）緊接不停。右拳向前直擊，肘微屈，拳眼朝上；左拳屈肘收至左腰間。目視前方。（圖4-98）

圖4-98

（4）緊接不停。右腳自身後向前彈踢，腳面繃平，力達腳尖。右拳屈肘收至右腰間。目視前方。（圖4-99）

圖4-99

（5）右腳落地，右腿屈膝，左腿伸直。同時，右拳向前直擊，肘微屈，拳眼朝上。目視前方。（圖4-100）

圖4-100

（6）緊接不停。左拳向前直擊，肘微屈，拳眼朝上；右拳屈肘收至右腰間。目視前方。（圖4-101）

圖4-101

（7）緊接不停。左腳從身後用力向前彈踢，腳面繃平，力達腳尖。左拳屈肘收至左腰間。目視前方。（圖4-102）

左腳落地重複上述動作，並反覆習練。

【用途】：這是練習雙拳和腳三連擊的動作。雙拳和腳連續擊打對手上中盤。

【要點】：三連擊要連貫、緊湊、快速有力。

圖4-102

第五章

迷蹤拳「十五字技法要訣」

　　迷蹤拳是中國傳統武術中的一支奇葩，最顯著的特點是實用性強，是以技擊實戰而名揚四海的。迷蹤拳的技法系統全面，有猝技法、虛實技法、連技法、攔迎技法、閃技法、困技法等。迷蹤實戰技法的核心和精華是「十五字技法要訣」，這十五字訣是：靠、抱、黏、拗、頂、彈、捋、挎、揮、提、撩、纏、擊、托、攔。

　　靠，是由身內向外發出的靠擊力。有肩靠、臂靠、肘靠、胸靠、背靠、胯靠等。使用時貼身靠擊，有上步靠、退步靠、左右靠、轉身靠。

　　抱，是自外向內斂收含裹之力。有單臂抱、雙臂抱、抱摔、抱拿、抱打等。實戰應用時近身使用。

　　黏，是由身內發出的一種連隨柔力。其效用是黏敵之體，化敵之力，控敵之勢，尋機發打。這種柔力蘊於招招勢勢之中。

　　拗，是由人體不同部位發出的作用力相反、打擊力相同的二合一之力，是對人體力學的巧妙運用。使用時多是用腿腳埋敵之根，拳臂擊敵之身，上下齊動，手腳齊發。有拗打、拗摔、上步拗、退步拗、斜身拗、左右拗等。

　　頂，是由身內向外發出的頂擊之力。有頭頂、肘頂、膝頂，以肘頂為多。多近身使用，有前後頂、上下頂、左右頂。

　　彈，是由身內向外發出彈抖之力。功夫高深者全身均有彈簧之力，處處可發力擊人。局部講主要指腿腳之彈踢，有彈、蹬、鏟、搓、踹、蹶、跺等。

　　捋，是由前向後黏掛領拽之力。是一種巧力的運用，借敵之力，擊敵之身，借力打力。多使用於雙掌臂，用於

後發制人。

挎，是由身內發出的橫力。使用時橫力破直力，以橫挎巧破敵直攻之力。有拳挎、臂挎、腿腳挎。

撣，是由身內向外所發不定向抽擊勁力。主要用於掌臂，有單手撣，亦可雙手同用。使用時有上下撣、左右撣、前後撣、斜向撣。

提，是由下向上升拔擊打之力。由提膝、提腳、提肘、提拳、提肩等。實戰中多近身使用。

撩，是由身內外發撩打之力。有拳撩、掌撩、勾撩、腿腳撩。多撩打敵要害部位，一擊則重創敵。

纏，是由身內發出的螺旋、旋轉之勁力。主要用之於手臂和腿腳。使用時有纏捋、纏擰、纏捲、纏拿、纏打等。

擊，是由身外發出的擊打之力。全身所有發力均可稱擊打，這裡主要指拳和掌的各種擊打。使用時有直擊、橫擊、擺擊、砸擊、拋擊等。

托，是由下向上托打之勁力。有推托、撩托、架托、挑托等。多用於掌臂和腿腳。

攔，是由身內所發出的攔擋擊打之力。攔敵之力，御敵之勢，破敵之攻，攔中有攻，攔而擊之。使用時有掛攔、撥攔、架攔、挑攔、挎攔等。

「十五字技法要訣」是拳術力量由人體的不同部位所體現的十五種運用之法，即十五種發力方式。其內涵是迷蹤拳的拳理拳法，是迷蹤拳拳術勁力修練和體用的原理，而不能理解為只是拳法招勢，拳法招勢只不過是拳術理論的具體體現。

對迷蹤拳「十五字技法要訣」的認識、理解和運用，

是一個由低級到高級、由量變到質變的發展昇華過程。開始階段，是熟練掌握和運用技法招勢，多為身體的局部使用和單項發力，要在招勢的實用之中加深對「十五字技法要訣」正確理解，不斷摸索和積累經驗。

到了中級階段，能夠掌握「十五字技法要訣」內在的相互聯繫、相互變化、相互作用、相互交融，做到幾種力併用，融會貫通。

到了高級階段，則是將這些力形成一種合力，即上下、左右、前後的整體合力。

這也是迷蹤拳「十五字技法要訣」的真諦所在。達此意境，生化無窮，變化莫測，隨心所欲，運用自如。據說，清代迷蹤拳宗師孫通技藝達爐火純青，是運用這種合力的典範，身體一抖，「犯者立撲」。聞名中外的近代大俠霍元甲也是運用這種合力的佼佼者。

為了使讀者由淺入深地了解迷蹤拳「十五字技法要訣」，我們以實例逐訣圖解。這些招勢只是對「十五字技法要訣」在一定程度上的具體使用。要透過這些招法的運用深化對「十五字技法要訣」內涵的理解，使拳技不斷提高和昇華。

一、靠 擊 法

1. 閃身上步肩靠擊

（1）甲、乙雙方均右前勢站立，乙用右拳向前直擊甲頭部。互視對方。（圖5-1）

（2）甲頭急向左躲閃，同時右腳向前上步落至乙右腳

圖 5-1 圖 5-2

後方，左腳可隨之前滑步，上身微下伏，用右肩向前靠擊
乙右肋部位。（圖 5-2）

2. 右轉身肩靠擊

（1）甲、乙雙方
前後站立，乙位於甲身
後出左拳擊打甲頭部。
（圖 5-3）

圖 5-3

（2）甲頭快速右轉
躲閃乙左拳的擊打，同時
身體右轉，右腳向右跨一
步落至乙雙腳中間，並用
右肩向右靠擊乙胸部。
（圖5-4）

圖5-4

3. 迎封上步臂靠擊

（1）甲、乙雙方均
左前勢站立，乙右腳向前
上步，並用右拳向前劈砸
甲頭部。互視對方。（圖
5-5）

圖5-5

（2）甲用左臂向上迎封乙右拳，同時右腳向前上步落至乙雙腳中間，用右臂向前靠擊乙胸部。互視對方。（圖5-6）

圖 5-6

4. 上步肘靠擊

（1）甲、乙雙方均左前勢站立，乙用左掌向前插擊甲喉頸部位。（圖5-7）

圖 5-7

（2）甲用左手向
左抄捋乙左掌腕，同時
右腳向前上步，身體左
轉，雙腿屈膝下蹲，用
右肘向右靠擊乙左肋部
位。（圖5-8）

圖5-8

5. 上步胯靠擊

（1）甲、乙雙方
均左前勢站立，乙身體
右轉，提左腿用左腳向
左側踹甲小腹部。互視
對方。（圖5-9）

圖5-9

（2）甲用左手
向左勾掛乙左腳脖，
右腳向前邁一步，並
用右胯向前靠擊乙左
大腿根部位。互視對
方。（圖5-10）

圖5-10

二、抱　擊　法

1. 上步抱腿靠摔

（1）甲、乙雙
方均左前勢站立，乙
出左拳向前直擊甲臉
部。互視對方。（圖
5-11）

圖5-11

（2）甲身體下蹲，上身前伏，躲閃乙左拳擊打，同時左腳向前上步，右腳前滑步，雙手抄抱乙左腿，並用左肩抗擊乙胸部，欲將乙抱摔於地。（圖5-12）

圖5-12

（3）如乙反應靈敏，左腳快速後退步躲過甲抱摔，甲用雙掌順勢向前猛力推擊乙胸部。互視對方。（圖5-13）

圖5-13

2. 上步抱腿扛摔

（1）甲、乙雙方均右前勢站立，乙用右手向前抓擊甲臉部。（圖 5-14）

圖 5-14

（2）甲低身躲閃的同時，左腳向前邁步插落於乙左腳右側，雙臂抱乙左大腿，上抱後摔，將乙摔於身後。（圖 5-15）

圖 5-15

3. 上步抱頸摔

（1）甲左前勢
站立，乙右前式站
立，乙用右掌指向前
戳甲雙眼。（圖5-
16）

圖5-16

（2）甲右手向
上、向右抄捋乙右掌
腕，同時右腳向前上
步落至乙右腳右前
方，右臂向前抱住乙
頸部，將乙摔倒於
地。（圖5-17）

圖5-17

4. 上步抱腰摔

（1）甲、乙雙方均左前勢站立，乙右腳向前上步，用右掌推擊甲胸部。互視對方。（圖5-18）

圖5-18

（2）甲用右手向前、向上迎架抄捋乙左掌腕，同時左腳向前上步落於乙左腳左方，左拳變掌，向前抱住乙腰部猛力向右抱摔。（圖5-19）

圖5-19

5.纏臂抱拿

（1）甲、乙雙方均右前勢站立，乙右手向前猛力抓住甲右手腕，並欲擰甲右臂。（圖5-20）

圖5-20

（2）甲左腳向前上步，左手成掌從乙右臂下向上抱臂扣住乙右掌，右手向上纏抓乙右手腕，雙手同時用力向前、向下纏擰乙右前臂。（圖5-21）

圖5-21

三、黏 擊 法

1. 黏臂拳擊肋

（1）甲、乙雙方均左前勢站立，乙用左拳向前直擊甲頭部。（圖5-22）

圖 5-22

（2）甲左拳變掌向上、向左抄捋黏住乙左拳腕，同時右拳向前猛力直擊乙左肋部位。互視對方。（圖5-23）

圖 5-23

2. 黏臂搓踹腿

（1）甲、乙雙方均左前勢站立，乙出左拳向前直擊甲臉部。互視對方。（圖5-24）

圖 5-24

（2）甲急用右手向上、向右抄拽黏住乙左拳腕，乙用連擊法，右拳即向前直擊甲胸部。互視對方。（圖5-25）

圖 5-25

（3）甲左拳變掌，
向上、向左抄捯黏住乙右
前臂，同時，右腳從身後
向前搓踹乙左腳面或左小
腿。互視對方。（圖5-
26）

圖 5-26

3. 黏臂蹬襠

（1）甲左前勢站
立，乙右前勢站立，甲向
前滑步並用右拳擊打乙頭
部，乙用左拳向上迎架甲
右拳的同時，右拳向前擊
打甲臉部。互視對方。
（圖5-27）

圖 5-27

（2）甲左拳變掌，
向上、向左架攔黏住乙右
掌腕，右腳同時從身後向
前蹬踹乙襠部。互視對
方。（圖5-28）

圖5-28

4. 黏抱腿打襠

（1）甲、乙雙方均
左前勢站立，乙用右鞭腿
向前掃踢甲腰部。互視對
方。（圖5-29）

圖5-29

（2）甲左拳變掌，向左抄抱黏住乙右小腿，同時右腳向前上步，用右拳向前擊打乙襠部。互視對方。（圖5-30）

圖5-30

5. 黏臂抓面

（1）甲、乙雙方均左前勢站立，乙左拳變掌，向前推擊甲臉部。互視對方。（圖5-31）

圖5-31

圖 5-32

圖 5-33

（2）甲右拳變掌，向上、向右抄捋黏住乙左掌腕，左拳變爪，向前抓擊乙面部。互視對方。（圖 5-32）

四、拗擊法

1. 拗腿擊胸

（1）甲、乙雙方均左前勢站立，甲用左拳向前擊打乙臉部。互視對方。（圖 5-33）

（2）乙用右拳向上迎架甲左拳，同時用左拳向前直擊甲頭部。互視對方。（圖 5-34）

圖 5-34

圖 5-35

圖 5-36

（3）甲用右掌向上迎架乙左拳，同時，右腳向前上一步落至乙左腳後側拗住乙左腿，左拳變掌，向前推擊乙胸部。互視對方。（圖5-35）

2. 拗腿擊下頜

（1）甲、乙雙方均左前勢站立，乙右腳向前上步，並用右拳向前劈砸甲頭部。互視對方。（圖5-36）

（2）甲用左拳向上迎擋乙右拳，右腳向前上步，落至乙右腿後方，並用右拳擊打乙下頜部位。互視對方。（圖5-37）

圖 5-37

3.拗腿肘搗胸

（1）甲、乙雙方均
左前勢站立，乙出左拳向
前直擊甲頭部。互視對
方。（圖5-38）

圖5-38

（2）甲左拳變掌，
向上、向左抄捋乙左前
臂，右腳向前上步，落至
乙左腿後方拗住乙左腿，
身體左轉下蹲，右臂屈
肘，用肘尖向右搗擊乙胸
部。（圖5-39）

圖5-39

4. 拗腿肩撞胸

（1）甲、乙前後站
立，甲前乙後，乙左前
勢，並用左拳向前擊打甲
後腦。（圖5-40）

圖5-40

（2）甲右轉身，躲
閃乙左拳擊打，同時右腳
向右跨步，落至乙左腳後
方，右腿拗住乙左腿，用
右肩向右撞擊乙胸部。
（圖5-41）

圖5-41

5. 拗腿拳打腦

（1）甲、乙雙方均左前勢站立，乙左手成掌，向前戳擊甲的眼睛。（圖5-42）

圖 5-42

（2）甲左手成掌，向上、向左攔架抄抓乙左前臂，右腳向前上步，落至乙左腳右方，身體左轉，用右腿向後拗擊乙左腿，同時用右拳向前擊打乙後腦部位，拳腳前後擊打之合力將乙擊倒於地。（圖5-43）

圖 5-43

6. 拗腿摔身

（1）甲、乙雙方均右前勢站立，甲用右拳向前擊打乙胸部。互視對方。（圖5-44）

圖 5-44

（2）乙用左拳向下磕掛甲右拳，同時右拳向前擊打甲頭部。圖（5-45）

圖 5-45

（3）甲頭稍向左閃，左腳向前上步，落至乙右腳右方，並向右趟擊乙右腿，雙拳變掌，抄抓住乙右臂向左拉拽，將乙摔倒於地。（圖5-46）

圖 5-46

五、頂擊法

1. 躲身頂胸

（1）甲、乙雙方均左前勢站立，乙左手成爪，向前抓擊甲臉部。（圖5-47）

圖 5-47

（2）甲頭部向左閃躲乙左爪，左腳向前上步，右腳隨之前滑，左臂屈肘，用肘尖向前頂擊乙胸部。互視對方。（圖5-48）

圖 5-48

2. 迎擋頂肋

（1）甲、乙雙方均左前勢站立，乙用左拳向前擊打甲頭部。互視對方。（圖5-49）

圖 5-49

（2）甲用左拳向上
迎架乙左拳，右腳向前邁
一步，右臂屈肘，用肘尖
向前頂擊乙左肋。（圖
5-50）

圖 5-50

3. 迎架頂頭

（1）甲、乙雙方均
左前勢站立，甲左掌向前
至乙臉前虛晃後，右拳向
前直擊乙胸部。互視對
方。（圖 5-51）

圖 5-54

（2）乙用左拳向下
磕掛甲右拳，同時用右拳
劈砸甲頭部，右腳向前上
一步。互視對方。（圖
5-52）

圖 5-52

（3）甲左拳向上迎
架乙右拳，右腳向前邁一
步，右臂屈肘，用肘尖向
前、向上頂擊乙下頜部
位。（圖 5-53）

圖 5-53

4. 轉身頂胸

（1）甲、乙前後站立，甲前乙後，乙右前勢，並用右拳向前擊打甲後腦。（圖5-54）

圖 5-54

（2）甲頭向左轉動躲閃乙右拳擊打，同時身體左轉，左腳向左邁一步，落至乙兩腳中間，左臂屈肘，用肘尖向左頂擊乙胸部。（圖5-55）

圖 5-55

5. 頭部頂胸

（1）甲、乙雙方均左前勢站立，乙用左拳向前擊打甲臉部。（圖5-56）

圖 5-56

（2）甲用右拳向上迎架乙左拳。乙採用連擊法，右拳即向前直擊甲頭部。（圖5-57）

圖 5-57

（3）甲用左拳向上
迎架乙右拳，同時，右腳
向前上步，並用頭向前頂
擊乙胸部。（圖5-58）

圖 5-58

六、彈擊法

1. 虛晃彈踢腹

（1）甲左前勢站
立，乙右前勢站立。互視
對方。（圖5-59）

圖 5-59

（2）甲用左拳向前
至乙臉前虛晃，誘乙出右
拳迎擋。同時甲右腳從身
後快速向前猛力彈踢乙小
腹部位。（圖5-60）

圖 5-60

2.迎擋彈踢襠

（1）甲、乙雙方均
左前勢站立，乙右腳向前
上步，兩拳雙峰貫耳橫打
甲兩耳根。（圖5-61）

圖 5-61

（2）甲用兩拳向左右兩側迎擋乙雙拳，同時右腳從身後向前彈踢乙襠部。（圖5-62）

圖5-62

3. 連擊蹬襠

（1）甲左前勢站立，乙右前勢站立，甲左拳向前直擊乙頭部，乙用右拳向上迎擋甲左拳。（圖5-63）

圖5-63

（2）甲左拳擊出
後，右拳即向前連續擊打
乙頭部，乙左拳向上迎擋
甲右拳。（圖5-64）

圖 5-64

（3）甲右腳快速從
身後向前蹬踹乙襠部。
（圖5-65）

圖 5-65

4.擊肋鏟踢腹

（1）甲、乙雙方均左前勢站立，乙用左拳向前劈砸甲頭部。（圖5-66）

圖 5-66

（2）甲用左拳向上迎擋乙左拳，同時右腳向前上步，身體左轉下蹲，用右拳向右擊打乙左肋部位。（圖5-67）

圖 5-67

（3）乙左腳
後退躲閃甲右拳擊
打，甲即起右腿，
用右腳外側鏟踢乙
小腹部位。互視對
方。（圖5-68）

圖5-68

5. 閃頭彈踢腹

（1）甲、乙
雙方均左前勢站
立，乙出左拳向前
擊打甲頭部。（圖
5-69）

圖5-69

（2）甲後仰
頭躲閃乙左拳擊
打，同時提左腿，
用左腳彈踢乙腹
部。（圖5-70）

圖5-70

6. 閃身彈踢襠

（1）甲、乙
雙方均右前勢站
立，乙出右拳向前
擊打甲胸部。（圖
5-71）

圖5-71

（2）甲左腳向左前方邁步躲閃乙右拳擊打，同時用右腳彈踢乙襠部。（圖5-72）

圖5-72

七、捋擊法

1.借力後捋

（1）甲、乙雙方均左前勢站立，乙左拳向前直擊甲胸部，左腳同時向前上步。互視對方。（圖5-73）

圖5-73

（2）甲身體微左
轉右移，雙拳變掌，抄
抓住乙左臂，借乙左拳
前沖之力向左後方捋
拽，左腳同時向後退
步。（圖5-74）

圖 5-74

2.捋臂推身

（1）甲左前勢站
立，乙右前勢站立，乙
右手成立掌，向前推擊
甲胸部。互視對方。
（圖5-75）

圖 5-75

（2）甲身體微右轉左移，雙手成掌，抄抓住乙右臂向右後方捋帶，欲使乙前趴地上。（圖5-76）

圖 5-76

（3）乙急忙拽臂朝後墜身，欲掙脫甲捋帶，甲順勢用雙掌向前推擊乙臂身。（圖5-77）

圖 5-77

3.捋臂膝撞腹

（1）甲右前勢站立，乙左前勢站立，甲用右拳向前直擊乙胸部，乙身體微右轉閃躲過甲右拳，同時出左拳直擊甲頭部。（圖5-78）

圖5-78

（2）甲雙手快速抄抓住乙左臂，並用力向左方捋拽，同時用左膝向前、向上頂撞乙小腹部。（圖5-79）

圖5-79

4. 捋臂搓踹腿

（1）甲、乙雙方均右前勢站立，乙左腳向前上步，同時用左拳向前直擊甲頭部。（圖5-80）

圖 5-80

（2）甲雙拳變掌，抄抓住乙左臂向左後方捋拽，同時左腳向前攔截搓踹乙左小腿。（圖5-81）

圖 5-81

5. 捋臂擊肋

（1）甲、乙雙方均
左前勢站立，乙左手成
爪，向前抓擊甲面部。
（圖5-82）

圖5-82

（2）甲左拳成掌，
向上、向左抄抓住乙左掌
腕，並向左後方捋帶，同
時右拳向前直擊乙左肋部
位。（圖5-83）

圖5-83

八、挎擊法

1. 挎臂砸頭擊腹

（1）甲、乙雙方均左前勢站立，乙用左拳向前直擊甲胸部。（圖 5-84）

圖 5-84

（2）甲用左拳向左挎攔乙左拳後即向前反砸乙頭部。（圖 5-85）

圖 5-85

（3）乙若頭向後閃
躲甲左拳反砸，甲右拳快
速向前猛力直擊乙胸部。
（圖5-6）

圖5-86

2.挎臂肘挑頭

（1）甲、乙雙方均
右前勢站立，乙用右拳向
前擊打甲胸部。（圖5-
87）

圖5-87

（2）甲用右拳向左
磕掛乙右拳腕後，即屈肘
用肘尖向前、向上挑擊乙
下頜部位。（圖5-88）

圖 5-88

3. 挎臂跺腿

（1）甲、乙雙方均
右前勢站立，乙用右手向
前抓擊甲胸部。（圖5-
89）

圖 5-89

（2）甲用右拳向左
攔挎乙右前臂，同時身體
左轉，用右腳向右踩踹乙
右小腿。（圖5-90）

圖5-90

4.挎臂擊頭踢襠

（1）甲、乙雙方均
左前勢站立，乙出左拳向
前直擊甲胸部。（圖5-
91）

圖5-91

（2）甲用左拳向右挎攔乙左拳後，即用拳背向前反砸乙頭部，隨即身體微左轉，右腳從身後向前彈踢乙襠部。（圖5-92）

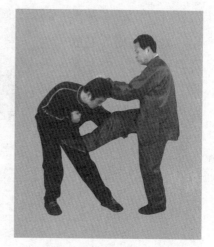

圖 5-92

5. 挎腳踹腿

（1）甲、乙雙方均左前勢站立，乙欲出左腳踢甲左腿。（圖5-93）

圖 5-93

（2）甲後發先
至，身體左轉，右腳
從身後向前、向左挎
攔乙左腳脖後即向右
踹擊乙右大腿。（圖
5-94）

圖 5-94

九、揮擊法

1.磕攔揮摑臉

（1）甲、乙雙
方均右前勢站立，乙
出右拳向前擊打甲胸
部。互視對方。（圖
5-95）

圖 5-95

（2）甲右拳向右
磕掛乙右拳腕後即變
掌，用掌背向前、向
上、向右撣摑乙右臉部
位。（圖5-96）

圖 5-96

2. 迎磕臂撣摑臉

（1）甲、乙雙方
均右前勢站立，乙用右
拳向前直擊甲頭部。
（圖5-97）

圖 5-97

（2）甲用右拳向
左、向上磕擋乙右拳，
乙用連環技法，左拳即
向前直擊甲右胸部。
（圖5-98）

圖 5-98

（3）甲右拳速向
下、向右磕掛乙左拳，
同時左手成掌，從右臂
裡向上、向前用掌背揮
摑乙左臉部位。（圖
5-99）

圖 5-99

3. 攔擋拳揮抽臉

（1）甲、乙雙方
均左前勢站立，乙方右
腳向前上步，並用右拳
向前擊打甲頭部。（圖
5-100）

圖 5-100

（2）甲用左拳向
左、向上迎擋乙右拳，
乙左拳即向前直擊甲胸
部。互視對方。（圖
5-101）

圖 5-101

（3）甲左拳快速向下、向右磕攔乙左拳，同時右手成掌，用掌心向前、向上、向左撣抽乙左臉部位。（圖5-102）

圖5-102

4. 轉身撣打襠

（1）甲、乙前後站立，乙位於甲後方左前勢站立，並用左拳向前擊打甲頭部。（圖5-103）

圖5-103

（2）甲頭向左轉躲閃乙左拳擊打，身體同時右轉，用右掌向右撣擊乙襠部，右腳可向右跨半步。（圖5-104）

圖 5-104

5. 閃身撣擊肋

（1）甲、乙雙方均右前勢站立，乙用右拳向前劈砸甲頭部。（圖5-105）

圖 5-105

（2）甲向左前方上步進身，躲閃乙右拳的劈砸，同時用右掌背猛力揮擊甲右肋。（圖5-106）

圖 5-106

十、提 擊 法

1. 提膝擊腹

（1）甲、乙雙方均左前勢站立，乙右腳前上步，雙手抓住甲，欲摔甲。（圖5-107）

圖 5-107

（2）甲左腳站穩，
右腿屈膝上提用膝尖向
上、向前撞擊乙小腹。
（圖5-108）

圖 5-108

2. 提腿摔身

（1）甲左前勢站
立，乙右前勢站立，乙用
右拳向前虛晃後，左拳向
前直擊甲頭部。（圖5-
109）

圖 5-109

（2）甲伏身躲
閃，同時右腳向前上
步，右手抓住乙左小
腿上提，左手下按乙
後背，雙手一起用力
摔乙於地上。（圖
5-110）

圖 5-110

3. 提膝撞腿

（1）甲、乙雙
方均左前勢站立，乙
身體右轉，提左腿，
用左腳向左側踹甲小
腹部。（圖 5-111）

圖 5-111

（2）甲身體微左轉，右腿屈膝上提，用膝尖猛力撞擊乙左小腿。（圖5-112）

圖 5-112

4. 提腳撅襠

（1）甲、乙前後站立，乙於甲身後用雙臂抱住甲臂身。（圖 5-113）

圖 5-113

（2）甲先用右腳
跺踩乙右腳面，然後左
腳上提撅擊乙襠部。
（圖5-114）

圖 5-114

5. 提膝頂襠

（1）甲、乙雙方
均右前勢站立，乙用右
拳向前擊打甲頭部。
（圖5-115）

圖 5-115

（2）甲左腳向前上步，用左拳向上迎擋乙右拳，同時右腿屈膝上提，用膝尖頂撞乙襠部。（圖5-116）

圖 5-116

十一、撩 擊 法

1. 上步撩打襠

（1）甲、乙雙方均右前勢站立，甲用左手向前至乙臉前虛晃，誘乙出拳迎擋。（圖5-117）

圖 5-117

（2）甲右腳向前上步，身體跟進，用右拳向前撩打乙襠部。（圖5-118）

圖5-118

2.轉身撩踢襠

（1）甲、乙雙方均左前勢站立，乙用左拳向前直擊甲頭部。（圖5-119）

圖5-119

（2）甲身體急速向右後轉，上身前伏，在躲閃乙擊打的同時，用右腳向後撩踢乙襠部。（圖5-120）

圖 5-120

3. 拳腳撩打襠

（1）甲、乙前後站立，乙左前勢站立於甲後，出左拳向前擊打甲頭部。（圖5-121）

圖 5-121

（2）甲上身
快速右轉，躲閃乙
左拳擊打，並用右
拳向後撩打乙襠
部。（圖5-122）

圖 5-122

（3）乙若縮
身後退躲閃甲右拳
撩打，甲採用拳腳
連擊之法，用右腳
快速向後撩踢乙襠
部。（圖5-123）

圖 5-123

4. 閃身撩打襠

（1）甲、乙雙方均右前勢站立，乙用右拳向前直擊甲胸部。（圖5-124）

圖 5-124

（2）甲快速向左前方上步進身，在躲閃乙右拳擊打的同時，用右拳向前撩打乙襠部。（圖5-125）

圖 5-125

5.搓踹腿撩打襠

（1）甲、乙雙方均
左前勢站立，乙用右拳向
前擊打甲頭部。（圖5-
126）

圖5-126

（2）甲用左拳向上
迎擋乙右拳，同時右腳從
身後向前搓踹乙左小腿。
（圖5-127）

圖5-127

（3）乙如果左腿後退躲閃甲搓踹，甲右腳落地，右拳成鉤手，用鉤頂向前撩打乙襠部。（圖5-128）

圖5-128

十二、纏 擊 法

1. 纏腕壓臂

（1）甲、乙雙方均左前勢站立，乙用左拳向前直擊甲頭部。（圖5-129）

圖5-129

（2）甲左拳變掌，
向上、向左纏擰乙左拳
腕，同時右腳向前上步，
用右前臂向左、向下按壓
乙左上臂。（圖5-130）

圖5-130

2.纏臂蹬膝

（1）甲、乙雙方均
左前勢站立，乙用左拳向
前直擊甲胸部。（圖5-
131）

圖5-131

（2）甲用右手
向上、向右抄捋纏擰
乙左拳腕，乙雙拳連
擊，即用右拳向前擊
打甲頭部。（圖5-
132）

圖 5-132

（3）甲左手向
上、向左纏擰乙右拳
腕，同時右腳向前蹬
踹乙左腿膝蓋。（圖
5-133）

圖 5-133

3.小纏絲拿

（1）甲、乙雙方
均右前勢站立，乙右手
向前抓住甲右手腕。
（圖5-134）

圖5-134

（2）甲左手向前
扣壓抓牢乙左手拇指和
食指等四指，右手小指
一側用力向上、向右、
向後、向下纏捲擰拿乙
右前臂。（圖5-135）

圖5-135

4.大纏絲拿

（1）甲左前勢站
立，乙右前勢站立，乙
用右手向前猛力抓住甲
左手腕。（圖5-136）

圖5-136

（2）甲用右手抓
住扣牢乙右手掌，用左
前臂向前、向下纏壓乙
右前臂。（圖5-137）

圖5-137

5.纏臂推肋

（1）甲、乙雙方均左前勢站立，乙用左拳向前擊打甲臉部。（圖5-138）

圖5-138

（2）甲用左手向上、向左纏擰乙左拳腕，同時右腳向前上步，右手成立掌，向前猛力推擊乙左肋。（圖5-139）

圖5-139

十三、擊打法

1.擊頭打襠

（1）甲、乙雙方均左前勢站立，甲先發制人，用右拳向前直擊乙頭部。（圖5-140）

圖5-140

（2）乙用左拳向上迎架甲右拳，甲左拳快速向下、向前擊打乙襠部。（圖5-141）

圖5-141

2. 連環三擊

（1）甲、乙雙方均
左前勢站立，甲先發制
人，並用連環擊法，先用
左拳向前、向右橫擊乙頭
部。（圖 5-142）

圖 5-142

（2）乙用右拳向右
迎架甲左拳，甲即用右拳
向前、向左橫擊乙左耳
部。（圖 5-143）

圖 5-143

（3）乙用左拳向左
迎擋甲右拳，甲速用左拳
向下、向前、向上撾擊乙
下頷部位。（圖5-144）

圖5-144

3.磕掛拋擊頭

（1）甲、乙雙方均
左前勢站立，乙用左拳向
前直擊甲胸部。（圖5-
145）

圖5-145

（2）甲用左拳向右、向下磕掛乙左拳腕，用右拳從左臂裡向上、向前、向右拋擊頭部。（圖5-146）

圖 5-146

4. 雙掌擊胸

（1）甲、乙雙方均左前勢站立，乙用左掌向前推擊甲臉部。（圖5-147）

圖 5-147

（2）甲用右拳向上挑架乙左掌後，雙手屈腕成立掌，向前猛力推擊乙胸部，左腳同時向前上步。（圖5-148）

圖5-148

5. 磕掛砸擊頭

（1）甲、乙雙方均左前勢站立，乙用左拳向前直擊甲胸部。（圖5-149）

圖5-149

（2）甲用左拳向
右、向下磕掛乙左拳，
同時右拳向上、向前、
向下砸擊乙頭部。（圖
5-150）

圖 5-150

十四、托 擊 法

1. 托臂趟踹腿

（1）甲、乙雙方
均右前勢站立，乙用右
拳向前擊打甲頭部。
（圖 5-151）

圖 5-151

（2）甲用右手向
上托架乙右前臂，同時
左腳向前趟踹乙右小
腿。（圖5-152）

圖5-152

2. 托肘蹬膝

（1）甲、乙雙方
均左前勢站立，乙用左
拳向前直擊甲胸部。
（圖5-153）

圖5-153

（2）甲雙拳變掌，
左掌向右、向下按壓乙左
拳，右掌向上托乙左肘，
撅乙左臂，右腳同時向前
蹬踹乙左膝蓋。（圖5-
154）

圖 5-154

3. 托臂膝撞腹

（1）甲、乙雙方均
左前勢站立，乙用雙峰貫
耳，雙拳同時向前、向裡
（左拳右、右拳左）橫打
甲兩耳部位。（圖5-155）

圖 5-155

（2）甲雙拳成掌，
同時向外（左掌左、右掌
右）、向下、向裡、向上
纏繞托挑乙雙臂，同時右
腿屈膝，用膝尖向前撞擊
乙小腹部。（圖5-156）

圖5-156

4. 托腿擊身

（1）甲、乙雙方均
左前勢站立，乙用左腳向
前彈踢甲小腹部。（圖
5-157）

圖5-157

（2）甲右腳快速向右前方上步，身體左轉，左手向上托撩乙左腿，右掌擊打乙胸部。（圖5-158）

圖 5-158

十五、攔 擊 法

1. 攔迎抓面

（1）甲、乙雙方均左前勢站立，乙右腳上步並用右拳向前擊打甲頭部。（圖5-159）

圖 5-159

（2）甲左拳向
上攔迎乙右拳，右手
成爪向前抓擊乙臉
部。（圖5-160）

圖5-160

2. 攔掛踹腿

（1）甲乙雙方
均左前勢站立，乙身
體左轉，用左腳向左
側踹甲小腹部。（圖
5-161）

圖5-161

（2）甲用左手
向左攔掛乙左腳脖，
身體左轉，用右腳向
前踹擊乙右大腿。
（圖5-162）

圖5-162

3.攔掛踢襠

（1）甲、乙雙
方均左前勢站立，乙
先用左拳向前直擊甲
胸部。（圖5-163）

圖5-163

（2）甲右拳成鈎
手，向左、向下、向右
攔掛乙左拳腕，乙即用
右拳向前擊打甲胸部。
（圖5-164）

圖 5-164

（3）甲左手成鈎
手，向右、向下、向左
攔掛乙右拳腕，右腳同
時從身後向前彈踢乙襠
部。（圖5-165）

圖 5-165

4. 膝撞踹腿

（1）甲、乙雙方均右前勢站立，乙身體左轉，用右腳向右側踹甲小腹部。（圖5-166）

圖 5-166

（2）甲身體右轉，左腿屈膝上提攔撞乙右小腿，隨即，用左腳向左踹擊乙左大腿。（圖5-167）

圖 5-167

5. 攔擋彈踢腹

（1）甲、乙雙方均左前勢站立，乙用左拳向前直擊甲胸部。（圖5-168）

圖 5-168

（2）甲左拳向右攔擋乙左拳，同時用左腳向前彈踢乙小腹部。（圖5-169）

圖 5-169

國家圖書館出版品預行編目資料

迷蹤拳（六）／李玉川　編著
——初版，——臺北市，大展，2005 年〔民 94〕
面；21 公分，——（迷蹤拳系列；6）
ISBN 957-468-416-4（平裝）

1. 拳術—中國
528.97　　　　　　　　　　　　　　93000810

迷 蹤 拳（六）　　ISBN 957-468-416-4

著　　者／李玉川
責任編輯／新　　硯
發 行 人／蔡森明
出 版 者／大展出版社有限公司
社　　址／台北市北投區（石牌）致遠一路 2 段 12 巷 1 號
電　　話／（02）28236031‧28236033‧28233123
傳　　眞／（02）28272069
郵政劃撥／01669551
網　　址／www.dah-jaan.com.tw
E - mail ／ service@dah-jaan.com.tw
登 記 證／局版臺業字第 2171 號
承 印 者／高星印刷品行
裝　　訂／建鑫印刷裝訂有限公司
排 版 者／弘益電腦排版有限公司
授 權 者／北京人民體育出版社
初版 1 刷／ 2005 年（民 94 年）11 月

定價／ 300 元

大展好書　好書大展
品嘗好書　冠群可期